32歳までに
知らないとヤバイ
お金の話

ファイナンシャルプランナー
岡崎充輝

彩図社

はじめに

◆30代という現実

はじめての結婚　男性平均　31・1歳　女性平均　29・4歳
はじめての出産時の年齢　女性平均　30・7歳
はじめての一戸建て購入　平均　40・2歳
はじめてのマンション・建売の購入　平均　36・8歳

30歳で結婚して、その翌年頃に子どもが生まれ、子どもが小学校に入学する頃に夢のマイホームを購入。

これが、データで見る、今の日本人の平均的な人生プランです。

30歳からの10年間に、**人生の重要な出来事が一気に押し寄せてくる**のです。

ジェットコースターに例えると、30歳までの人生は、スタートしてから「カツ・カツ・カツ」とゆっくりのぼり始める頃。それから一瞬の間をおいて、32歳頃にはもうトップスピードで走っている。

一度トップスピードに乗ってしまえば、あとは老後まで一気に進んでいくだけです。

ゆっくり考えている時間はありません。


本書では、30代から始まる息つく暇もない人生を、「結婚・出産」「マイホーム」「保険」「年金」などの観点から解説していきます。

30歳になれば、誰もが人生設計を本気で考えていかなければなりません。

猶予は、人生のトップスピードに乗る32歳までです。20代後半から32歳頃までに知っておかなければ、その後の人生で取り返しのつかないミスをしてしまうかもしれないのです。

◆平均寿命

日本人の平均寿命が延びたことは、みなさんも知っているでしょう。

でも、**この60年で、約30年も平均寿命が延びた**ことを知っている人は少ないのではないでしょうか？

1947年の平均寿命	男性　50・06歳	女性　53・96歳
1980年の平均寿命	男性　73・35歳	女性　78・76歳
2015年の平均寿命	男性　80・79歳	女性　87・05歳

私は今年で43歳になりますが、私の両親が生まれた頃は「人生60年」と言われていました。

父や母は〝人生は60年〟ということを前提にした環境で教育されてきたでしょう。

しかし私たちはすでに、**人生80年**という時代に突入しています。もしかすると、人生80年という社会システムで育った初めての年代が、今の30代なのかも知れません。

年金、社会保険、住宅環境、子育て……。今話題になっているこれらの問題は、実はすべて**平均寿命が急激に延びたことにシステムがついていけてない**ことが原因なのです。

◆平均貯蓄額

下の図は、20～60代の貯蓄額データです。

この数字を見てどう感じましたか？

平均貯蓄額は、20代、30代と年齢が上がることに増えていくのが分かります。

でも注目するべきは、貯蓄がない世帯の比率です。20代が多いのは何となく納得できますが、次に多いのが40代なのです。30代はまだ結婚当初で共働き、これに

	貯蓄がない	平均値	中央値
20代	36.4%	315万円	239万円
30代	27.8%	717万円	405万円
40代	35.7%	974万円	600万円
50代	29.1%	1941万円	1100万円
60代	30.1%	2462万円	1500万円

※金融広報中央委員会「家計の金融行動に関する世論調査・二人以上世帯調査」（2015年）より。

出産や住宅購入が重なって貯蓄ができなくなる。そういう状況を表しているかのようです。

平均値の次に「**中央値**」という言葉がでてきますが、中央値とは、全員を横一直線に並べて、ちょうどその真ん中にきた人の値です。

つまり、真ん中の人が必ずしも平均の人とはならないのです。

平均値と中央値が大きく離れている今回の場合、ものすごくお金を持っている数少ない世帯が、全体の平均を引き上げていることが分かります。

考えてみれば、貯蓄がない世帯の数が変わらないのに平均の貯蓄額が上がっているということは、「**持つものと持たざるもの**」**の差がぐっと広がっている**ということなのでしょう。

もしかすると、格差が広がり始めるのは30歳ぐらいからなのかもしれません。

◆この国で生きるためのお金の話

学生から社会人になって、やっと部下を持った。

新人あつかい・子どもあつかいをされなくなってきた。

もうそろそろ、結婚。もうそろそろ、出産。もうそろそろ、夢のマイホーム。

それが30歳からの人生です。

世間では「一人前」と呼ばれる歳になったけど、これから先の人生を生きていくための本当の知識を持っているでしょうか？


日本では、「お金」について学校で学ぶことはほとんどありません。

別に、株式のチャート分析や、ポートフォリオ理論がどうのといった資産運用の話をしているのではありません。**この国で生きていくための、当たり前の社会の仕組みとお金の話**です。


人生という大きな流れのなかで、いつ、どんなふうにお金を使うか。また、社会の仕組みをどう使えば自分にとって有利なのか。

トップスピードに乗っている32歳で知っているのと知らないのとでは、大きな差が生まれてしまいます。

お金の世界は残酷です。お金の世界では、時間のレバレッジがもっとも大きな差になるからです。

「1日でも早く、お金の現実に気づいたほうがいい」

この本を手にとったあなたも、実はそんな風に感じているのではないでしょうか？

知ってしまえば、たいしたことはありません。

でも「知っているか、知らないか」が、人生の大きな分岐点の決定的な差になってしまうかもしれません。

怖がらずに、そしておっくうがらずに、お金の現実を知っていきましょう。

ファイナンシャルプランナー　岡崎　充輝

32歳までに知らないとヤバイお金の話　もくじ

もくじ

2章　入ったほうがいいの？　保険の話

3章　気になり始めた親の介護・お葬式・相続の話

4章　押さえておきたい税金の話

5章 知らないと損をする年金の話

6章　将来どうする？　資産運用の話

7章　いざという時のセーフティネット・借金の話

1章　知っておきたい結婚・子育て・マイホームの話

◆30歳からの人生で起こること

30歳は人生の分岐点。

それは、自分の人生が自分のものだけではなくなった瞬間に訪れます。

そう、**結婚**です。

結婚して、**子ども**が生まれて、**家族**ができます。人生で最も輝いている瞬間です。

でも、お金の面から見ると、ここはとても危険な時期です。

ここからの人生は高速道路を走り出すようなものですから、「分岐点を間違えた！！」といって簡単にやり直すことはできません。

少しの判断ミスが命取りになるのです。

しかも、この危険地帯には、大きなお金を使うポイントが数多くあります。

結婚・出産・子育て・住宅。

どれをとっても人生で10本の指に入る大きな支出ばかりです。

油断は禁物です。この時期をいかに賢く過ごすかがその後の人生を決めてしまうのですから。

◆結婚費用の相場

実は、この不景気にも関わらず、**結婚費用の総額は増え続けています。**

リーマンショックが起こったのは2008年9月でした。同じ年の暮れから「日本が全体的に不況だ」と騒がれ始めたのに、それ以後もまったく金額が落ちていないどころか、上がっているのです。

金額を見ると、以下のようになっています。

この5年間で伸びが大きいのは、結婚指輪や衣裳、記念撮影関係に加え、新婚旅行です。

結婚費用の変化と初婚の平均年齢

	総費用	男性の初婚平均年齢	女性の初婚平均年齢
2012年	454.0万円	29.4歳	28.0歳
2013年	458.9万円	30.6歳	28.8歳
2014年	446.1万円	30.8歳	29.1歳
2015年	482.2万円	30.9歳	29.3歳
2016年	500.4万円	30.5歳	28.8歳

増えている

男女とも晩婚化

※結婚情報誌「ゼクシィ」（リクルート発行）調べ（2016年）

これを妻の年齢別に見ていくと、妻の年齢が若いほど挙式費用の総額が多いのが分かります。意外なようにも見えますが、この統計の全体を眺めてみると原因が分かります。

それは、妻の年齢が若いほど挙式・披露宴等の出席人数が多いからです。

妻が24歳以下の場合、35歳以上に比べて約10人も出席者数が多くなります。出席者が多くなれば、食事代やギフト（引き出物や引き菓子等）の金額も必然的に増えるということなのです。

逆に、妻の年齢が高くなると、婚約指輪はもちろん結婚指輪・ブライダルエステなど、自分たちに使うお金が増える傾向にあ

項目別結婚費用

妻の年齢（推計値）＼費用項目	挙式・披露宴・パーティ総額	招待客人数	ギフト（1人あたり）	婚約指輪	新婚旅行	ブライダルエステ
24歳以下	362.0	66.7	0.7	37.2	54.6	6.5
25～29歳	412.6	72.8	0.6	36.4	67.7	9.5
30～34歳	359.0	63.6	0.6	48.1	62.9	10.7
35歳以上	305.6	56.8	0.7	37.9	57.9	10.6

30歳以上は夫婦の費用が高い

妻が若い方が招待客が多い

※結婚情報誌「ゼクシィ」（リクルート発行）調べ（2015年）

ります。

こうした傾向はこの先も進んでいくと考えられます。

そのもっとも大きな原因は、**晩婚化**です。

この15年で、初婚の平均年齢は約2歳も遅くなりました。「初婚の25％はできちゃった婚だ」とも言われていて、なおかつその大半が25歳未満だということを考えると、「できちゃった婚」ではない結婚の年齢はここ数年で大幅に遅くなっていることも予想できます。

新郎・新婦ともに社会人の期間が長い分、蓄えも多く、結婚の費用にお金を使えるのでしょう。

では、新婚夫婦は実際どのくらいのお金を使っているのでしょうか。

平均総費用は、25ページの表の通り、約５００万円。

これはかなり高額です。この数字を見てしまうと、世の男性は結婚に尻込みしてしまうのではないでしょうか。

しかし心配はいりません。結婚式には**ご祝儀**がつきものです。

このご祝儀の平均金額は2016年で232万円となっていて、ここ数年ほとんど変化がありません。結婚式の出席人数も同じく変化していないので、相場はここ数年変わっていないようです。

総額500万円のうち約232万円がご祝儀ですから、その差額は268万円となります。仮に夫婦2人で費用を割り勘すると、1人134万円となるわけですから、尻込みすることはないのです。

しかし、婚約指輪の代金は男性が払うものですから、男性はもう少し準備をしておいたほうがいいという結論になるのです。

結婚にお金をかけたほうがいいのかどうかは、ファイナンシャルプランナーとしては判断が難しい部分です。

個人的には、親族との顔合わせができますし、高額のお金を払うことは人間が大人になっていく上で必要な過程だと思うので、結婚式は挙げたほうがいいと思っています。

しかし、**2人が結ばれるのに必要なのは、結婚費用だけではありません。**その先の2人の新居や、増えていく家族（子ども）、そういったことを頭に入れて考えておく必要があることは言うまでもないのです。

◆夢のマイホーム

結婚と同時に必要になるのが、新居の費用です。

最近は結婚時に住宅を購入する人も増えていますが、多くは「まずは賃貸で」という具合でしょうか。晩婚化の影響で、子どもが生まれたのと同時ぐらいに住宅購入をされる人も増えています。

住宅購入の平均年齢自体はここ数年あまり変化がないのですが、結婚が遅い分、結婚から住宅購入までの年数が短くなっていると言えるでしょう。

いずれにせよ、日本人の一番大きな夢はやはり**マイホーム**のようです。

しかし、実際のところ、どのくらいのお金がかかるのでしょうか。

マイホームを全額キャッシュで買う人はあまりいません。ほとんどの人が**住宅ローン**を利用して買います。おなじみの分割払いです。

よく「月々家賃を10万円払うぐらいなら、住宅ローンを10万円払うほうがいいのではないか?」という話を耳にします。

本当にそうなのでしょうか?

家賃と住宅ローンをそんな単純に比較してもいいものなのでしょうか?

◆賃貸と住宅ローン、どちらが得なの?

そもそも、賃貸住宅に住み続けるのと住宅を購入するのは、どちらが得なのでしょう。

この部分を損得で考えることは意外と少ないようです。しかし、多くの人にとって住宅は**人生で一番大きな買い物**です。一度は冷静になって整理しておく必要がありそうです。

仮に4000万円の分譲マンションを住宅ローンで購入したとすると、次のようになります。

【条件】
借入金額　4000万円
35年返済
金利　1・69％（35年固定）
ボーナス返済　なし

↓

毎月の返済額　12万6230円
管理費　1万5000円
修繕積立金　8000円

だいたい、首都圏近郊の3LDKマンションのお値打ち物件といったところでしょうか。この条件で、35年間に支払う住宅ローンの総額はいくらになると思いますか？

なんと5301万6850円です。4000万円の返済に必要な利息は、1301万円にもなるということです。

また、ローンを組むには保証料や後述の団体信用生命保険料を支払う必要もありますので、その経費がおおよそ100万円。それ以外に修繕積立費や固定資産税もかかってきます。それが35年間でおよそ630万円。

つまり、35年間でローンやその他経費を合計すると、約6030万円かかる計算になります。

一方、35年間賃貸住宅で生活した場合はどうでしょう。

家賃・共益費込みで13万円の場合、こちらは単純に35年間で5460万円となります。もし購入したマンションが35年後に570万円以上で売却できれば、購入したほうが賃貸よりもお得になります。

しかし、どうでしょう。築35年のマンションが570万円で売却できるでしょうか？なかなか難しいことがお分かりいただけると思います。

よく「マイホームは資産になるから」と言う住宅営業マンがいますが、それは大間違いです。高額のローンを組んで買ったマンションが老朽化のために半分以下の価格でしか売れなかったり、ローンを支払い終わったと思ったら建物の耐用年数も残りわずか、というケースは少なくありません。

この国では住宅の資産価値は非常に低いのが現状なのです。

ただし住宅の購入には、表面的な金額だけでは考えられない面もあります。「なんの気兼ねもない自分の城を手に入れる」という、お金には換算できない**安心感**や**充実感**が得られるところです。

ですから、住宅を購入する場合は、お金の損得でなく、「家という消耗品といかに付き合っていくか」というのがテーマとなるわけです。

家族計画や収入予想、夫婦の両親の状況など、さまざまな要素があるので、どんな家がいいかは、家庭によって大きく違ってきます。そのため、住宅購入と賃貸、どちらが優れているかも断言できません。

しかし、住宅購入が賃貸よりも明確に優れている点があります。

それは、ローン返済中に返済をしている人が亡くなった場合です。

一般的には、住宅ローンには**団体信用生命保険**という生命保険がついています。これは、住宅ローンを返済中に返済している人が亡くなった場合、残りの返済額を保険会社が払ってくれるという保険です。

つまり、住宅ローンの契約を結べば、その翌日に亡くなっても住宅ローンは全額免除され、**残された家族に家が残る**のです。

賃貸の場合はそのまま家賃を払い続けなくてはいけないのに対して、住宅ローンは無くなるというこの点についてのみ言えば、マイホームのほうが賃貸よりも優れているのです。

結婚して夫婦2人しかいないときはあまり気づかないのですが、子どもが1人2人と増えてくると、手ごろな賃貸物件があまりないというのが現状です。そのため、結果として住宅を購入しようとするパターンが多くなります。

とすれば、やはり住宅ローンについて、きちんとした知識を持っておく必要があります。

◆住宅ローンの仕組み

現在販売されている住宅ローンは、その商品数だけで5000とも6000とも言われています。

ひとつの銀行だけでも3~4種類扱っていて、最近では銀行以外の金融機関や住宅ローンのみを販売している「モーゲージバンク」というものもあるので、すべてを検討して選ぶことはとても不可能です。そのせいなのか、金融機関や住宅販売業者の勧められるままに、住宅ローンを決めてしまう人が多いのです。

しかし、先ほど見たように、住宅ローンというのは、借りたお金以外に何百万・何千万もの利息を払う金融商品です。そんなに簡単に決めてはいけません。

では、どうやって自分に合った住宅ローンを探せばいいのでしょうか?

実は住宅ローンというのは、どれだけ商品数があっても4つの種類に分けることができるのです。

図にすると以下の通りです。

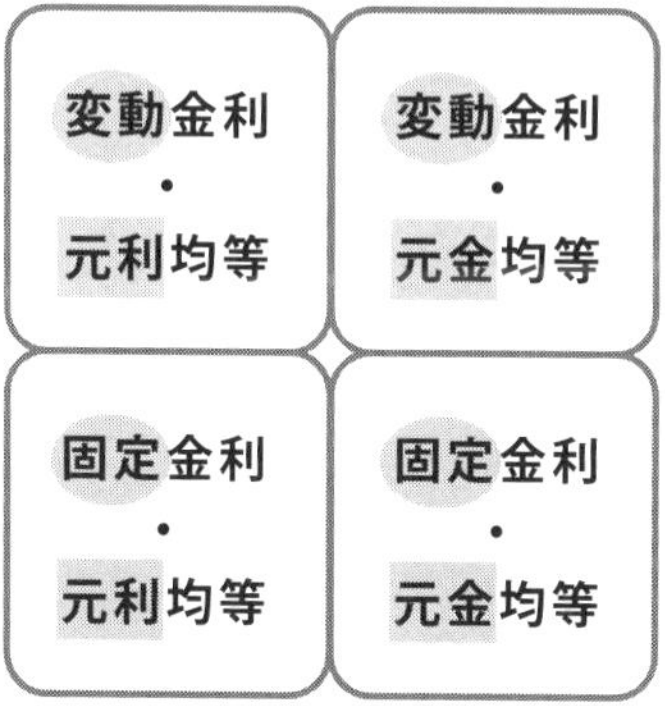

どんな住宅ローンも、必ずこの４つの箱のどれかに入ります。

つまり、この４つの特徴さえ理解してしまえば、何千種類あっても何万種類あっても、自分に合ったローンを見極めることができるということです。

では、４つの特徴をひとつずつ見ていきましょう。


まずは、**「元金均等返済」**と**「元利均等返済」**です。

基礎知識として、住宅ローンは毎月の支払が元金と利息に分かれています。

例えば、今月住宅ローンを10万円払ったとしましょう。10万円払ったからといって、住宅ローンが10万円減るでしょうか?

答えは「ＮＯ」。違いますよね。

毎月の返済額は、純粋に住宅ローンを返済している部分と、金利部分を支払っている部分との合計金額だからです。この純粋な住宅ローンの返済部分を「元金」と呼びます。


元金均等返済とは、**毎月同じ額の元金を支払っていく返済方法**のことをさします。

一見当たり前のように見えますが、意外とそうでもありません。

毎月支払う元金は同じですが、はじめはそこにプラスして払う利息部分が多く、後で少なくなっていくため、毎月の返済額も最初が一番多く、そこから徐々に少なくなっていくという方法だからです。

もうひとつの元利均等とは、元金と利息の合計金額が一定、つまり**毎月の返済額が一定**という意味です。

私たちは一般的に、住宅ローンの毎月の返済額は一定だと考えると思いますが、それはこの毎月一定の金額を返済していく元利均等法がポピュラーだからでしょう。

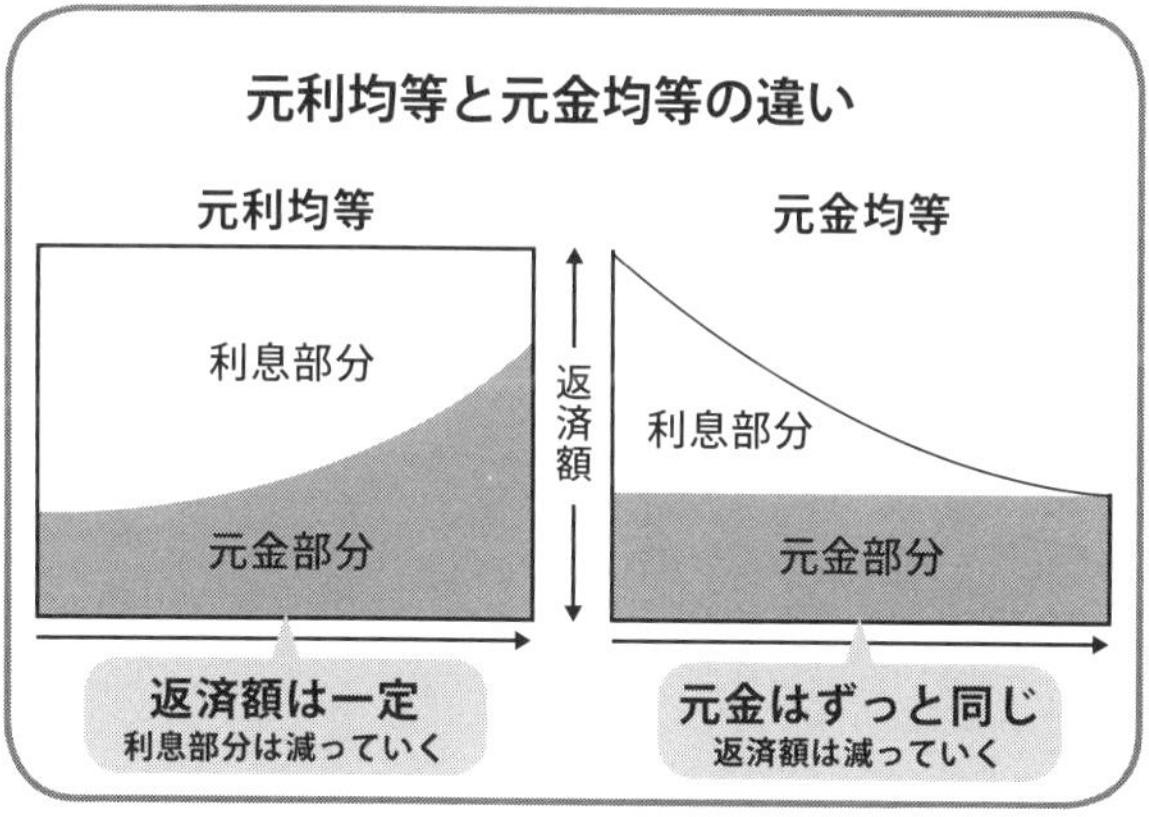

しかし、利息部分はローンの残高に対してかかるので、当然返済序盤は利息が多くて、徐々に減っていくはずです。

それでは、元金均等返済と元利均等返済のどちらを選ぶといいのでしょうか？

例として、３０００万円のローンを35年返済・金利１・６９％で返済した場合、元金均等と元利均等では、どんな違いがあるか見ていきましょう。

毎年の返済額は左ページの表の通りです。

毎年の返済金額も当然違いますが、一番大きな違いは、35年間で支払う総額です。元金均等返済が３８８９万３４８７円になるのに対して、元利均等返済が３９７６万２４９７円と、約87万円もの違いが生まれてきます。

しかし、多くの金融機関では、元金均等返済の商品が販売されていなかったり、あっても金利の割引がなかったりするのが現実です。

また、どうしても最初の返済額が大きくなるので、子どもが小さく、奥様が働けない世帯収入が少ない状態だと、ためらってしまいがちです。

とはいえ、この返済総額の差は無視することができないので、元金均等での返済計画を一度はしてみる必要があるでしょう。

次に、**「変動金利」**と**「固定金利」**を見ていきましょう。

変動金利とは、その名の通り、**金利が変動する**住宅ローンです。

よく3年固定・5年固定・10年固定などという名前の住宅ローンを固定金利と勘違いしてしまうのですが、これは、変動金利の仲間です。なぜなら、最初の固定金利期間が終了した時点で、変動金利に変わるか、また元の固定金利に戻るかのどちらかになるからです。

もしここで変動金利を選んだ場合、新しい金利はその時点で決められるので、

ローン返済の試算表
3,000万円を金利1.69%・35年で返す場合

	元利均等返済の場合 毎年の返済額は固定 94,672円		**元金均等返済の場合** 毎年の元金の返済額は固定 113,678円	
年齢	元金の返済額	返済額累計	返済額	返済額累計
31歳	644,762	10,396,460	1,357,492	9,750,623
35歳	678,270	13,042,147	1,299,548	13,179,167
40歳	738,034	16,610,769	1,227,121	17,464,847
45歳	803,060	20,493,815	1,154,692	21,750,527
50歳	873,816	24,718,991	1,082,264	26,036,207
55歳	950,807	29,316,439	1,009,837	30,321,887
60歳	1,034,580	34,318,958	937,408	34,607,567
65歳	1,125,991	39,762,497	865,220	38,893,487

（元金の返済額：↓増加していく　返済額：↓減っていく）

ローンを組む時点では分かりません。つまり変動するということです。

これに比べて、固定金利は、**借入期間を通して金利が変わらない**ものをさします。

一番有名な固定金利の住宅ローンは、住宅金融支援機構（旧住宅金融公庫）が行っている「フラット35」でしょう。

全期間固定金利ということは、返済金額が借入期間中まったく変わらないということになります。

では、この2つの金利パターンをどう考えていけばいいのでしょうか？

それぞれの金利には秘密が隠されています。

3年固定　1・05％
5年固定　1・20％
10年固定　1・20％
35年固定　1・69％

※金利は三井住友銀行（2017年1月）を参照

このように、固定期間が短いほど金利が安く、固定期間が長くなるにつれて金利が高くなります。

どうして固定期間が短いもののほうが、金利が安いのでしょうか？

実はこれこそが、住宅ローンの金利パターン最大のツボなのです。

住宅ローンの金利とは、「誰が」、「いつまで」金利変動のリスクを持つのかで決まってきます。

どういうことでしょうか。

3年固定では、3年間だけ金融機関が金利変動のリスクを持ちます。そして、その後のリスクは借りた人が持つことになります。だから金利が安いのです。

言い換えると「3年後の金利が上がってようが、下がってようが、それは借りた人が管理してください」となります。

逆に35年固定は、35年間の金利変動リスクすべてを金融機関が持ちます。借りた人はノーリスク。だから金利が高いのです。

住宅ローンの金利は、金融機関のリスクが少ないほど金利が安く、リスクが大きいほど金利が高くなるのです。

ちなみに、「リスクが高いから損をする」ということではありません。当然、3年後、5年後、10年後の金利が、低いまま推移することはあるかもしれません。しかし、それは誰にも予測ができないのです。

金融の世界では、変動が大きいものを「リスクが高い」と言います。結果的に、変動金利のほうが固定金利よりも得なのか損なのかは、誰にも予測できません。

ただ、住宅ローンはそういう性格のものだと、理解して選択していくことが重要なのです。

住宅ローンを分ける4つの分類を紹介しました。くどいようですが、すべての住宅ローンは、必ずこのどれかに分けることができます。住宅ローンを組むときは、自分が選ぼうとしている商品がどの分類にはいるのか、そういった見方で、選ぶようにしていきましょう。

◆いくら借りられるのか？

住宅ローンの相談の際、「いったい、今の自分はいくら借りることができるのか？」という質問を受けることが非常に多いので、少し説明させていただきましょう。

金融機関の住宅ローンについては、一般的には公表されていないケースがほとんどです。勤め先や勤続年数、購入する住宅の資産価値等によって変わるため、事前申請をしてみないと、どれぐらい借りられるかは分かりません。

しかし、「フラット35」は一定の基準が公表されているので、参考に見てみましょう。

年収	400万円未満	400万円以上
基準	30％以下	35％以下

※「住宅金融支援機構」ホームページより

この基準とは、年返済比率のことをさしています。

年返済比率とは、年収の中に占める住宅ローンの比率のことで、計算は以下のようになります。

年収380万円の場合
年収380万円×30%＝114万円／12ヵ月＝9・5万円
ボーナス返済なしの場合　月返済9・5万円

つまり、月々返済9・5万円までの住宅ローンなら借りられる、ということです。

ここから逆算すると、3000万円（35年返済　金利1・69%　元利均等の場合）の借入で、月々の返済が9・5万円となりますから、3000万円までなら借りることができる可能性があるということです。

また、収入合算といって、夫婦の収入を合算することもできます。

例えば、ご主人が380万円の収入、奥様が280万円の収入の場合は、収入合算額が660万円となるので、

年収660万円の場合
年収660万円×35％（基準）＝231万円
ボーナス返済なしの場合　月返済19・25万円

なんと、6100万円（35年返済　金利1・69％　元利均等の場合）も借りることができるのです。

年収が比較的低めの30歳前後の人が住宅ローンを借りる際、簡単にこの方法をとることがあります。

しかしどうでしょうか？

住宅ローンは35年間という長期の金融商品です。ローンを返し終わるまで、絶対に共働きをするという覚悟があるならいいでしょう。でも、先々に子どもの出産や育児、保育所に空きがあるかどうかといった不確定要素がある中で、本当に奥様の収入を当てにした住宅ローンの組み方でいいのでしょうか。

実は、住宅ローンを借りるのにもっと大事なことは、「いくら借りられるのか？」よりも「**いくらまでなら返していけるのか？**」なのです。

◆いくらの住宅ローンなら返していけるのか？

「住宅ローン難民」という言葉を聞いたことはありませんか？

文字通り、住宅ローンが返済できなくなり、ローンの代わりとして住宅を差し押さえられてしまった人たちのことをさして使う言葉です。この住宅ローン難民が、今増えているのです。

このことを聞くと、「どうして家が差し押さえになる前に売ってしまわなかったのだろう」という疑問がわくでしょう。

住宅はアパートと違って自分の資産です。生活が苦しいのなら、資産を売却して借金の返済にあてればいいのではないでしょうか。返済が苦しいのであれば、そうやって仕切り直せばいいのに、どうしてできないのでしょうか？

それは、先ほども説明した通り、住宅が資産は資産でも**「リスク資産」**だからなのです。

「家賃を資産に変えましょう」というと聞こえはいいでしょうが、これは大きな間違いです。住宅を資産の購入、つまりは投資と定義してみると、その理由が分かるはずです。

通常、投資は将来に向かって儲かるものにします。しかし、住宅はどうでしょう。購入した住宅を3年後、10年後に売却したときに、買った値段以上に売れるでしょうか？

答えは「NO」。ごく一部の特殊な立地を除いては、3000万円で購入したマンションが2000万円や1500万円でしか売れないことは、みなさんもご存じのはずです。

この切り口から考えるならば、「わざわざ価値が下がる資産」を「ローンを組んで購入する」ことがいかに投資としては考えられないことか、ご理解いただけると思うのです。

ですから、住宅購入資金の80％以上を住宅ローンでやりくりした場合どうなるかは、少し考えれば分かります。

そう、**家を売却したときの金額より、住宅ローンの残高のほうが多い**ということになるのです。

統計はないのですが、私の感覚では、ほぼ80％以上の人が、家の資産価値（売れる値段）より住宅ローンの残高のほうが多いはずです。

もし、ローンを返済できなくなり住宅を手放したとしても、２０００万円でしか売れず、住宅ローンが５００万円も残ってしまった、ということが起こるとどうなるでしょう。

ここが住宅ローンの難しいところです。

住宅ローンを借りる場合、通常その住宅は担保として、借金のかたにとられています。というよりも、住宅が借金の担保になっているから、我々でもローンが組めるのです。

住宅を売却するということは、その担保も失うことになります。担保がなくなってしまった以上、そのローンは、即座に全額返済しなくてはいけません。つまり、残りの500万円も返済しなければならないのです。

これが、住宅ローンという商品なのです。だからこそ、「いくら借りられるか？」よりも「いくらまでなら返していけるか？」がとても重要なのです。

細かく説明するとこれだけで本1冊分になる壮大なテーマなので、またの機会に譲るとして、簡単に考えれば、**最低限年収の15％を貯蓄にまわせるように住宅ローンを組むことが大事**です。

年収400万円の家庭なら確実に、年60万円の貯蓄が残せるようにすることです。「なーんだ、15％か」と思うかもしれません。しかし、住宅ローンは最長で35年も支払い続ける、とても付き合いの長い金融商品です。その間にどんなことが起こるか分かりません。中には会社が倒産したり、リストラにあったり、ワークシェアリングで収入が急に減少することもあります。

そんなときに自分と家族を助けてくれるのは、現金預金です。

見通しを甘く考えず、厳しい予測をしてローンの計画を立てるようにしてください。

◆家を建てるのにかかる税金

夢のマイホーム編の最後は、税金についてです。

大きな税金は2つ。

不動産取得税と**固定資産税**です。


不動産取得税から簡単に見ていきましょう。

不動産取得税は、その名前の通り、不動産を取得した場合にかかる税金です。だから、取得したとき一度きりしかかかりません。

この税金は地方税といって、都道府県に支払う税金ですので、地方によって多少ルールが違います。

参考例として、東京都のパターンを見ていきましょう。

税金の説明には、日常で使う言葉が少ないので分かりにくいですね。

詳しく理解する必要性はまったくありませんが、「住宅を建てるとこれぐらい税金がかかるんだ」ということを分かっていただきたいので、具体例で、おおよその金額を

東京都の不動産取得税

（1）新築住宅（家屋）の場合（増築、改築を含む）
床面積が50平方メートル以上240平方メートル以内であれば、住宅の価格から1200万円が控除される
（価格が1200万円未満の場合はその額）
〔税額の計算〕（住宅の価格－控除額）×3％＝税額
（平成30年3月31日まで）

（2）新築住宅用土地の取得
土地を取得してから3年以内に住宅を新築した場合は、次の（ア）（イ）のいずれか高い方の金額が税額から軽減される

〔軽減される額〕
（ア）4万5000円
（税額が4万5000円未満の場合はその額）
（イ）土地1平方メートル当たりの価格*×
住宅の床面積の2倍（一戸当たり200平方メートルが限度）×3％
※平成30年3月31日までに宅地等（宅地及び宅地評価された土地）を取得した場合は、価格を2分の1にした後の額から1平方メートル当たりの価格を計算する

感じてください。

〔例〕平成21年5月に、東京都内に土地つき新築住宅を購入しました。土地の面積は125平方メートルで、住宅は延床面積が100平方メートルです。価格（評価額）は、土地が4000万円、家屋が1260万円です。
納める税額はいくらでしょう。

個人が住宅を取得するときには税金が軽減されるので、この場合、1200万円分は控除され、課税対象は60万円になります。これに税率（東京都は3％）をかけると、家屋1万8000円＋土地0円＝1万8000円となります。

こうして具体例で見れば、**不動産取得税はそんなにびっくりするほどの金額ではない**ことをご理解いただけるでしょう。

次に固定資産税です。

この税金も地方税ですが、不動産取得税が都道府県税だったのに対し、区市町村税という違いがあり、当然自治体によってルールが多少かかわります。

また、地域によっては固定資産税以外に都市計画税がかかる地域もあるので、チェックする必要があるでしょう。先ほどの例の場合だと、家屋と土地で、初年度の税金は合計約18万1500円になります。

しかし3年間（一定の場合5年間）の軽減期間が終了すると、**家屋分については、固定資産税額が増える**ことを忘れてはいけません。

一度しかかからない不動産取得税と比べると、けっこう大きな金額です。

毎年おおよそ4月から5月、自動車税とそんなに変わらない時期に支払通知がやってきます。

固定資産税は資産の評価額によって金額が変化しますが、資産を所有している間はずっとかかる費用です。なのに、自分が今度購入する家の固定資産額を計算していない人が意外と多いのに驚かされます。

家計から大きな支出をするには、必ず準備が必要です。住宅ローンのことばかりでは

１．固定資産税とは
不動産の固定資産税とは、地方税（市町村税）で１月１日現在の不動産（土地・建物）の所有者（固定資産税課税台帳に登録されている人）に課税される税金です。

２．税額の計算方法
税額は「課税標準」に1.4％を掛けた額になります。課税標準とは固定資産税課税台帳に登録されている固定資産税評価額になります。

３．住宅用土地に対する軽減措置
住宅用地は200平方メートル以下の部分を「小規模住宅用地」といい課税標準額が６分の１に軽減されます。また、200平方メートルを超える部分を「一般住宅用地」といい課税標準額が３分の１に軽減されます。但し、その土地に建てられた建物の床面積の10倍が上限となります。

４．新築建物に対する軽減措置
新築の建物は120平方メートルまでの部分に対して一般の住宅は３年間、３階建以上の耐火構造または準耐火構造の建物は５年間、固定資産税が２分の１になります。

対象住宅は居住部分が建物全体の面積の２分の１以上あること。

なく、前もってこうした費用も予定しながら住宅取得を考えていく必要があるのです。

◆人生の4大支出はなに？

人生の４大支出は何か知っていますか？

有名なものなのですが、意外と答えられない方も多いようです。

人生の４大支出とは、これだと言われています。

1位　住宅
2位　教育費
3位　生命保険
4位　車

教育費や生命保険が出てこなかった人がいませんか？

確かに、一度にまとまって払うお金ではないので、出てこなくとも仕方ないかもしれません。生命保険については2章で説明しますので、ここではバカにできない教育費、出産や子どもの医療費、服飾費について考えていきましょう。

このお金は、住宅や車などと違って「ガマンすれば払わなくてもいい」というものではありません。だからこそ、どれくらいかかるのかを予習することが大事なのです。

◆出産にはいくらかかるのか？

まずは出産から始めましょう。

以前は、妊娠したときに医者にかかる費用は実費でした。一部の自治体では健診の内数回分を補助してくれる制度などがあったものの、通常の病気の場合は健康保険で3割の負担ですむものが、全額自己負担だったのです。

しかし、2009年度より、妊婦健診に通常必要と言われている健診14回分については**「原則」全額公費負担**、つまりタダとなりました。

「原則」というのは、予算としては国から自治体に配分されましたが、実現するかどうかは自治体の努力と判断によるためです。現在、全国の9割の自治体では少なくとも5回以上の無料検診が受けられますが、地域によって回数に差がある場合もあるので、一度今住んでいる場所の役所に問い合わせてみることが必要でしょう。

流れを具体的に説明していきましょう。

まず妊娠が分かると母子手帳を自治体に発行してもらいにいきます。そのときに**健診の無料券**があわせてもらえますので、母子手帳と無料券を診察の際に提出すればタダになるというわけです（余分にかかった回数の健診や任意の検査などの費用は、全額自己負担になります）。

これだけでも以前に比べればずいぶん手厚くなりましたが、それ以外にも、**「出産育児一時金」**の制度も拡充されました。

地域や病院によって金額の差がありますが、厚生労働省による全国調査（平成24年）では、出産費用の平均額は約48万6０００円でした。

それがもとになったのか、２００９年10月からは、それまでの38万円から4万円引き上げられ、一児の出産ごとに42万円（双子の場合は当然二児分の84万円）が支払われることになりました。これは、基本的に健康保険の加入者であれば、誰でも受け取ることのできるお金です。

一般的には分娩の費用は、30万円から50万円の間といわれていますが、有名な病院などで出産する場合は、その2倍の費用がかかるケースもあります。またほとんどの場合、退院のときに、42万円をオーバーした金額については支払うことが求められます。

予定外の出費なんてことにならないように、分娩を予定している病院で、事前に金額の確認をしておく必要があるでしょう。

※「産科医療補償制度」に加入している病院などで分娩した等の場合に限ります。それ以外の場合は、35万円から4万円引き上げた額である39万円となります。

※奥さんがご主人の扶養家族の場合でも自営業で国民健康保険の加入者でも支給されますのでご安心ください。

次は、奥さんが社会保険に加入している場合です。

本人がサラリーマンである場合、産休で休んでいる間の収入を補助してくれる「出産手当金」という制度を利用できます。

出産手当金は、出産の日（実際の出産が予定日後のときは出産の予定日）以前42日目（多胎妊娠の場合は98日目）から、出産の日の翌日以後56日目までの範囲内で会社を休んだ期間について支給されます。

※予定日より遅れて出産した場合は支給期間が、出産予定日以前42日（多胎妊娠の場合は98日）から出産日後56日の範囲内となっていますので、実際に出産した日までの期間も支給されることになります。

支給される金額は、１日につき標準報酬日額の３分の２に相当する額です。具体的には、標準報酬月額（お給料の平均金額）が20万円の場合、約43・５万円もの出産手当金をもらうことができます。

以前は、退職後半年以内に出産した場合もこの出産手当金をもらうことができたのですが、現在は法改正により、健康保険の被保険者でなければならないということになりました。

この制度がある以上、現在働いて社会保険に加入している人で、出産を機に退職を考えているのであれば、できれば産休をとってから退職したほうが得となるわけです。

お勤め先の事情もあるでしょうが、このお金は社会保険から支払われるもので、会社が支払うものではないのですから、退職するつもりでも産休は取りましょう。

◆住むところによってかなり違う？ 子どもの医療費助成の現状

出産に関して、ここ数年手厚く保障されるようになってきたことは、なんとなく分かっていただけたのではないでしょうか。

それでは次に、子育ての話に移っていきましょう。


先ほど見たように、出産に関しては、昔は住んでいる市区町村で助成制度がバラバラだったものが、全国統一の助成制度に切り替わりました。

しかし、意外と知られていないのですが、**子どもの医療費の助成については、まだまだ住んでいるところによってバラバラ**なのです。

例えば、東京都の場合は、23区は中学生まで入院・通院ともに患者負担分を全額助成、所得制限なし。家族の年収がいくらであっても、中学校を卒業するまでは医療費がタダというわけです。

しかし同じ東京都でも、多摩地区の多くは、入院は中学生まで無料、通院は小学校就学前までは無料ですが、それ以降中学生までは自己負担２００円がかかります。また所得制限もあるので、年収が高い場合は、こういった助成制度を受けることができない場合もあります。

つまり、同じ都道府県内でも、区市町村が違うと助成の中身が違うということがポイントなのです。

また、もし万が一、授かった子どもに障害があった場合なども、住むところによって助成の内容が全然違います。

たった数キロ、たった一駅の違いで、受けられる助成の内容が違うかもしれないのです。

私のところにみえた相談者の中には、住宅を購入するときに、この医療費助成を基準に考える人もいます。その方の場合は、奥様が看護師をしていたこともあって、子どもの医療費の重要さが分かっているのでしょう。

また、医療費助成以上に、障害のある児童の受け入れ体制なども自治体によって大きく異なります。

結婚後の新居探しや、住宅購入のときなどは、大ごとにみえるかもしれませんが、是非一度候補地の助成制度の内容を役所に問い合わせてみてください。

◆教育費はこんなにかかる！

先ほど、人生の4大支出のうち、教育費は2位だと書きました。

しかし、実は子どもの人数によっては、住宅を抜いて教育費が人生の支出の1位になることもあるのです。

左ページの表をご覧ください。

幼稚園・小学校・中学校・高校を公立に、大学を4年制の私立大学（文系）に行かせれば、教育費の合計は1人約1200万円。2人で2400万円かかります。

子どもの教育費

		公立	私立
幼稚園	授業料	74,428円×3年	236,526円×3年
	その他幼稚園教育費※	57,196円×3年	103,938円×3年
	給食費・園外活動費※	98,476円×3年	146,963円×3年
	学習費（3年）合計	690,300円	1,462,281円
小学校	授業料	0円	450,437円×6年
	その他学校教育費	55,197円×6年	372,030円×6年
	給食費・学校外活動費	250,610円×6年	599,890円×6年
	学習費（6年）合計	1,834,842円	8,534,142円
中学校	授業料	0円	440,394円×3年
	その他学校教育費	131,534円×3年	557,132円×3年
	給食費・学校外活動費	318,806円×3年	297,630円×3年
	学習費（3年）合計	1,351,020円	3,885,468円
高校	授業料	0円	237,647円×3年
	その他学校教育費	230,837円×3年	484,565円×3年
	学校外活動費	155,602円×3年	244,604円×3年
	学習費（3年）合計	1,159,317円	2,900,448円

大学

項目	国公立	私立大学／文系	私立大学／理系
入学費用（4年）	796,000円	940,000円	1,033,000円
在学費用（4年）	4,388,000円	5,968,000円	7,092,000円
費用合計（4年）	5,184,000円	6,908,000円	8,125,000円

幼稚園〜高校は文部科学省「平成24年度子どもの学習費調査」をもとに算出、大学は日本政策金融公庫「平成25年教育費負担の実態調査（国のローン利用勤務者世帯）」より
※「その他幼稚園教育費」は制服・教科書・遠足日など、「給食費・学校（園）外活動費」は学習塾・習い事月謝など

もし全部私立で理系なら、1人で2500万円弱。2人なら……ですよね。

つまり、**教育費は、家庭によっては第1位になることが十分に考えられる**のです。

しかし、この教育費は、かなりの曲者《くせもの》です。

なぜなら、もし子どもが大学進学せずに、幼稚園から高校まで公立校に通ったら、1人にかかる教育費は、なんと約500万円ですむからです。

大学進学するかしないか、私立にいかせるかどうかで、その家庭その家庭で、随分と個人差が出てしまうのが、この教育費なのです。

だからと言って、教育費が減らせるかというと別問題ですよね。そこが難問なのです。

子どもを持つ親として、「お金がないから大学には行くな」とはなかなか言えないものです。ですから、一番重要なのは、覚悟と計画を決めることなのです。

なんの覚悟を決めるのか。

それはもちろん、子どもに教育費をかけるという覚悟です。

年間数百人の相談を受けてきて、意外にもこの覚悟を決める人が少ないのに驚かされます。

私自身、結婚してすぐに、当時は手書きの人生設計書を妻と２人で話し合って書きました。A４の紙にボールペンで手書きの線が入れてある、簡単なものでした。しかし、作ってみていかに自分たちの考えが甘いかということに気づきました。

「子どもにはこんなことさせてあげたいなぁ」「やっぱり高校ぐらいで、留学させてやりたいよなぁ」「英語も幼稚園ぐらいから習わせたいよなぁ」

とても大事なことです。

しかし、そのためには相当な金額のお金が必要なことを改めて実感しました。

「子どもには、してあげたい」「でもお金がない」

この現実に直面したとき、できる作戦は２つしかありません。

それは、**収入を増やす**か、**支出を減らす**かです。

正直私たちは、新婚旅行らしきものには行っていません。結婚の翌月に車で京都に行ったぐらいです。２泊しましたが、安いモーテルと旅館を選んで泊まりました。食事もレストランなどは使わずに、コンビニのおにぎりを駐車場で食べながらの旅でした。

子どもは、年子で生み、上が２歳、下が１歳で、保育園に預けて共働きに戻りました。

周りからも、親からも「まだ小さいのに保育園に預けてかわいそうに」と言われても、淡々と実行してきました。何度もくじけそうになりましたが、そのたびに、2人で作った人生設計書を見てはげましあったものです。

当時、地方（とびきりド田舎）の団体職員だった私と、妻の月々の収入はしれたものでした。24歳で結婚した私たちの結婚前の貯蓄はスズメの泪程度。特に私は、独身のころ「宵越しの銭は持たねぇ」という性格でしたから、貯蓄は限りなくゼロに近いものでした。それでも、独立して今の会社を立ち上げたときには、子どものための貯金に手をつけなくても、2年は無収入で食べていけるだけの貯蓄を持っていたのです。

つまり、**今ある環境で、支出を最小化して収入を最大限にする**しか、子どもの教育費にお金を投入することはできないのです。

さらに、今後世の中は、**教育費が増える方向に動いていく**のではないかと思っています。

例えば社内公用語を英語にしようという動きがあります。社内公用語とは、会社で使う言葉です。今は国際的な大企業が取り入れていこうとしていますが、当然10年・

20年後には中小企業も導入していくことが予測されます。

つまり、私たちの子どもは、英語でコミュニケーションできる能力がないと就職先の選択の幅が狭くなるのです。

こうした動きから考えると、高校か大学の頃に数年留学するという流れが加速してくるでしょう。

そうすれば、今の1・5倍ぐらいの教育費を見込んでいても、そんなに大きく外れないのではないかと思うのです。

◆学資保険は本当に有利な商品か？

子どもの教育の準備といえば、話題に上がるのが**学資保険**。多くの方が加入していると思います。

しかしこの学資保険、本当に有利な商品なのでしょうか？

なぜみなさんが学資保険について好印象を持っているのかといえば、学資保険が積立貯金のようなものと思っているからでしょう。

その昔、郵便局で学資保険に入ると、満期のときに倍ぐらいになって戻ってきた時代がありました。インフレ率等を考えても相当な戻り率です（その分住宅ローン金利も高かったので、差し引きしてどれくらい恩恵を受けている人がいるかは微妙ですが）。その頃のイメージがついて離れないのか、「学資保険は得だ」と思ってしまうようです。

しかし実際のところ、ご相談にみえる方の実に70％以上は、得にならない学資保険に入っているのです。

一度、計算してみてください。いくら払って、いくらの満期で戻ってくるのかを。

２１０万円払って、２００万円の満期なんてケースが結構あるはずです。

中には、払った以上に戻ってこないことを分かった上で加入している人もいます。その人は、決まって「保険がついているから仕方がない」という言い方をします。

たしかに、学資保険・こども保険という名称の保険の中に、育英年金などの保険機能がついているものもあります。学資保険払込中に契約者（ほとんどのケースで父親）が死亡した場合に遺族に教育費の援助ということで育英年金が支払われるという内容です。

内容を聞くと、とてもいいような気がしますが、そんなに簡単な話ではありません。

なぜなら、次の章でもっと詳しく解説しますが、教育費等必要な保障額は**父親の生命保険**できっちり計算してリスクヘッジしてあるので、わざわざ学資保険にお金を使う必要はないはずだからです。

またその他に、学資保険には子どもの医療保険がついていることを加入の理由にあげる方も多いのですが、それもいかがなものでしょうか。

先ほどの説明の通り、子どもの医療助成制度は、地域や自治体によってある程度の差はあるものの整っています。

そもそも、国の制度があるのですから、無理をしてまで学資保険の医療保険をあてにする必要はありません。

学資保険は、純粋な貯蓄であるべきだと思います。１８０万円ぐらいの払い込みで、満期になれば２００万円が戻ってくる。最低でもこれぐらいでないと、月々積立預金をしたほうがましだということになってしまうのではないでしょうか？

現段階で、払った額よりも戻ってくる金額が少ない学資保険に入っている方は、がっかりしてしまったかもしれませんが、あきらめないでください。一度、計算してみることをお勧めします。

どう計算するのかというと、「今もし現在加入中の学資保険を解約するといくら損をするのか」を計算するのです。

ほとんどのケースでは、保険の途中解約は損がでます。しかし、今やめた損のほうが、満期まで払い続けたときの損に比べて少ないときは、思い切って解約することをお勧めします。

その上で、貯蓄性の高い学資保険に入り直して、その損が埋まるのであれば、是非入り直しを検討しましょう。

2章　入ったほうがいいの？
保険の話

◆生命保険って入ったほうがいいの？

「生命保険に入らなければいけないなぁ」

こんなことを考え始めるのが、ちょうど30歳頃。

結婚・出産などのイベントが迫ってくる中で、もうそろそろ保険についても真剣に考えようと思い始めるようです。

30歳の方の保険加入の現状を見ると、大きく3つのパターンに分けることができます。

1つ目は、社会人になったときに「なんとなく保険に入ってしまった」というパターンです。

多くは、会社に出入りしている保険会社のセールスレディーや営業マンから、「皆さんこれぐらいの保険に入っていますよ」と言われて加入してしまいます。当然その内容や必要性などまったく理解していません。

2つ目は、「まったく入っていない」というパターンです。今まで健康で、保険の必要を感じたこともないというのが、このパターンの特徴です。

最後の3つ目が、「今まで両親が加入していてくれた」というパターンです。意外とこのパターンは多く、結婚や親の定年を機に、「これからは、自分で保険料を払ってね」と渡されるケースがあります。

どのパターンにしても、この「生命保険」という金融商品に対して、正確な知識を知らないまま付き合ってしまっている、もしくは放置してしまっているのが現状なのです。

いったい生命保険は、何を基準に、どうやって選べばいいのでしょうか？

◆生命保険は必要か？

日本人は、生命保険大好き国民です。

生命保険文化センターの「生命保険に関する全国実態調査」平成27年度のデータを見ると、1世帯あたりの平均保険料は1年で38・5万円。もし、30年間支払ったら、1155万円もの金額を支払うことになるのです。一昔前よりも少なくなったとはいえ、この金額は世界トップクラスの数字です。

しかし、実際はこれだけの金額を支払っている実感はありません。

それは、住宅ローン同様、ほとんどの場合が**月々の支払**だからです。

「60歳までに払う金額が、1155万円以上ですよ」と言われれば、誰もがもう少し真剣に考えるでしょうが、「家族で毎月3・2万円ですよ」と言われると、その意識が低くなってしまうのです。

まずは、一生涯で相当な金額を払うのが生命保険だという意識を持ってください。

「お付き合いで」「友達だから」などというレベルで簡単に考えることのできるものではないのです。

しかし、ほとんどの方が、どうやって生命保険と付き合っていったらいいのかさえ学ぶことはありません。

生命保険は、あなたの人生に不可欠なものなのか？

それとも、あなたのお金を奪っているものなのか？

その基礎知識を勉強していきましょう。

◆保険とギャンブルの仕組みは同じ

生命保険は、命を賭けた「ギャンブル」です。

「えっ!!　どういうこと？」と思う方もいるでしょう。少し例をあげて考えてみます。

例えば、30歳男性が、40歳までに死亡すれば1億円の保険金が支払われる生命保険に入ったとしましょう。

毎月の掛け金は1万円。ギャンブルに例えると、毎月1万円のチップを支払って、自分が死ぬほうに賭けているということになります。40歳までに亡くなればあなたの勝ち、40歳までに亡くならなければ、保険会社の勝ちです。

もし、40歳までに亡くならなかった場合、今度は50歳までのゲームに参加します。しかし、亡くなる確率が上がるので、レートは2倍。つまり毎月2万円のチップが必要となります。

こういう考え方をすると、保険とギャンブルは仕組みがいっしょなのです。

しかし、このギャンブルは勝ってもうれしくありません。なぜなら、この賭けに勝つときは、自分が死んだときなのですから……。

まあそれはさておき、ギャンブルだということを前提に考えるならば、このギャンブルが我々にとって有利なのか不利なのか、その構造を見ておくことが大事です。

下の図を見てください。

これは、厚生労働省が出している、「完全生命表」というグラフです。簡単に言えば、「何歳のとき何人生き残っているか？」を表したグラフだと思ってください。

このグラフから計算すると、30歳の男性が、40歳までに亡くなる確率は、なんと約1％。

ちなみに50歳までに亡くなる確率は約3・

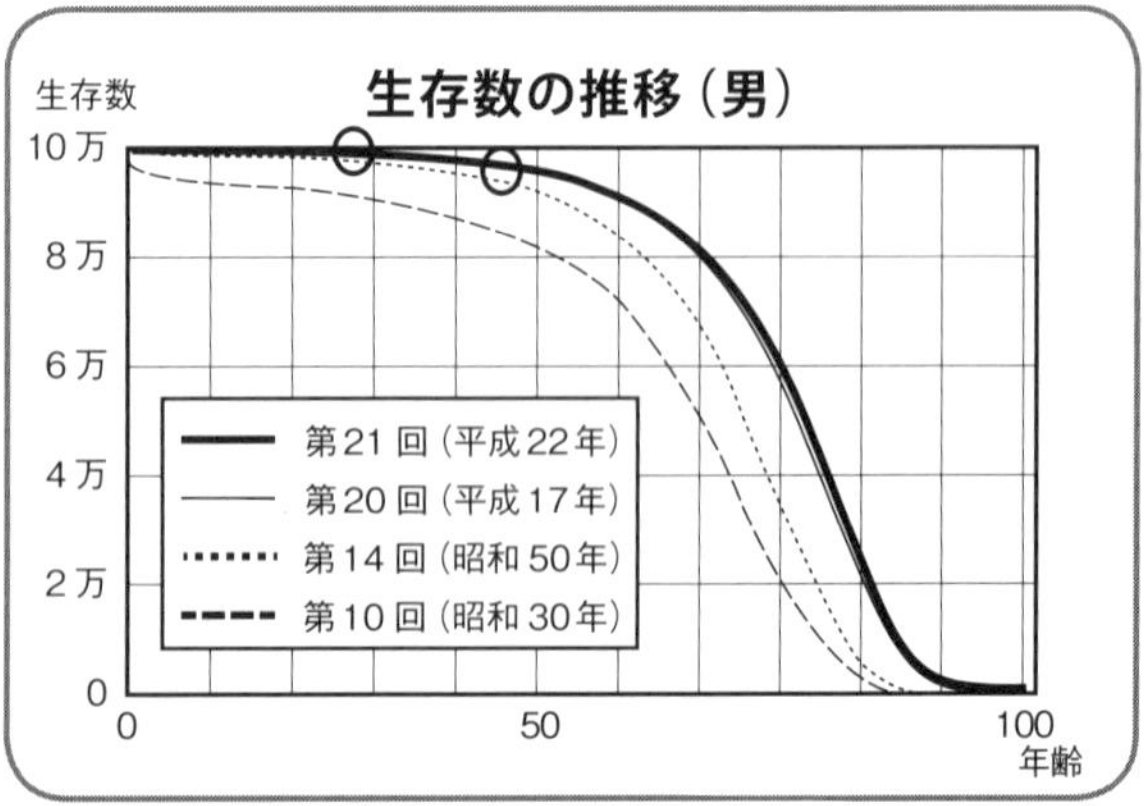

2％の計算になります。

それだけではありません。さらにこんな計算もしてみました。

下図は、年代別の死因をグラノにしたものですが、このグラフから分かるように、**30歳から49歳までの男性の死亡原因の第1位は、ダントツで「自殺」**です。

全体の約35％は自ら命を絶った方だということになります。そして、自

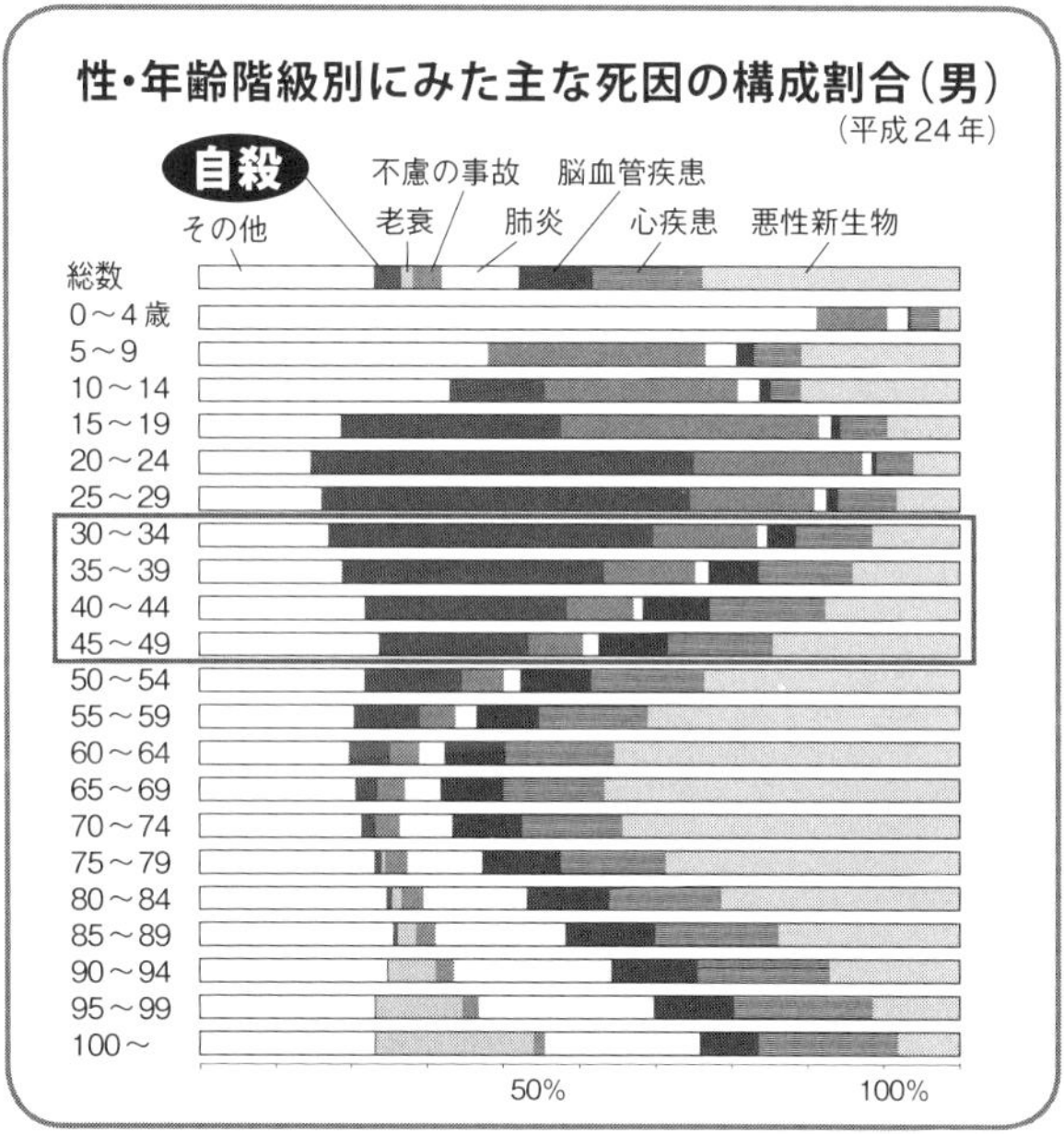

殺を除いた病死や事故死で30歳から50歳までに亡くなる確率はなんと2％にまで低下します。

つまり、ほとんどの日本人男性は、自ら命を絶たなければ、50歳までに死なない計算になるのです。

※女性の方はもっと亡くなる確率が少ない。（40歳までに0・5％、50歳まで2・6％、自殺を除けば2％）

ここまで言えば、私たちが毎月に賭けている生命保険というギャンブルが、いかに勝つことの難しいギャンブルかが分かると思います。

それでは、こんなに確率が低いのなら、生命保険に入る必要はないのでしょうか？

いやいや、そうではありません。

30歳から50歳の子育て真っ盛りに一家の収入源を失ってしまうと、家族や子どもを路頭に迷わせることになりかねません。いくら少ない確率でも、その危険性が0％でない以上なんらかの方法でリスクヘッジをする必要があります。だからこそ、一番考えなくてはいけないのが、このギャンブルにいくら賭けるのかということなのです。

つまり、**「負ける」前提で最小限の勝負をしておくギャンブル**が「保険」という考え方なのです。

「負ける」前提で考えれば、生命保険の考え方は、飛躍的に変わってきます。

必要最低限の掛け金で、挑む心がけができるからです。

◆いったいどれくらいの保険に入っていればいいのか？

「もしご主人が亡くなった場合、その後の教育費は、お子さん１人当たり最低でも２０００万円は必要です」

昔、生命保険のセールスレディーが、保険金を説明するのにつかったトークです。

この根拠がありそうでない金額を、長い間多くの日本人が信じてきました。

生命保険という勝てないギャンブルに挑むには、**いったい「いくらの保険金」を「いつまで」用意しなくてはいけないのか**をハッキリさせる必要があります。

意外と保険に入る目的がぼんやりしている人が多いので、まずは保険に入る目的から考えていきましょう。

保険に入る目的は、一言で言えば、**万が一のこと**が起こったときにお金に困らないようにですよね。

その万が一とは、以下のようなものです。

- ・死亡
- ・介護状態
- ・重大疾患における後遺障害や長期療養
- ・ケガ・病気等の療養など

簡単に言えば、収入が長期にわたって失われる場合ということになります。つまり、**お金が入ってこなくなると困る状況に備えて、保険に入る**ということになるのです。

それでは、こういう状況になったときに、なにがどのくらい不足するのでしょうか?

実際に不足するのは、家計のどんな費用なのでしょう。

具体的に見ていくと、次のような費用があげられます。

- 生活費（水道光熱費・電話代・食費・日用品費・保険料）
- 住宅関連費用（住宅ローン・固定資産税・下水道料金）
- 自動車関連費用（ガソリン代・保険代・税金・マイカーローン）
- 教育費（学費・塾費等）
- 葬祭費用（お墓・仏壇費用含む）

万が一のときにいくらのお金が必要かを考える上で大事なのは、毎年の家計の収支を正確に把握することです。

そして次に、生活費の中で不必要なものをはぶいていきます。

例えばご主人に万が一のことが起こった場合を想定するなら、当然ご主人のお小遣いはいらなくなるし、毎月の生命保険料もいらなくなる。携帯電話代や服飾費・食費だって1人分少なくなるし、車だって必要なくなるかもしれません。

こうして出た金額に教育費を足していきます。

63ページの教育費の表から分かるように、もし高校までの学費や習い事の分だけを準備しておくのであれば、５００万円もあればある程度十分なのですが、大学までの教育費を考慮すると、私立大学で理系の場合はプラス１２００万円かかります。合計で１７００万円。子ども2人なら３４００万円ですから大きな金額ですね。

この教育費が、必要な保険金額の80％ぐらいを占めます。

こうして出した生活費・教育費の合計で**支出の年表**をつくっていくと、はじめて万が一のことが起こるといくらのお金が必要かが分かってくるのです。

合計すると、びっくりします。とんでもない金額になるのです。ごく普通の標準世帯でも、１億円。

1億円ですよ。本当にそんなに必要なのでしょうか？

◆実はもう保険に入っている？

万一の場合、残された家族に支払われるのは、なにも生命保険だけではありません。

第４章で見ていくように、私たちは、毎月**「社会保険料」**というもうひとつの保険を国に納めています。ですから、万一の場合「遺族年金」が支給されるわけです。

例えば、35歳のサラリーマン（月給30万円・奥さんが30歳・子どもが３歳と１歳）の場合で、この人が亡くなった場合、奥さんにいくらぐらいの遺族年金が支払われるかというと、子どもの成長によって次のように金額が変わってくるのでおおよその計算になりますが、総額で４５００万円支払われることになります。

上の子が18歳になるまでの15年間…
月額約14万円（14万円×12ヵ月×15年＝２５２０万円）
←
その後下の子が18歳になるまでの２年間…
月額約12万円（12万円×12ヵ月×２年＝２８８万円）
←
その後奥さんが65歳になるまで…
月額約８万円（８万円×12ヵ月×18年＝１７２８万円）

それ以外に、お勤めになっている会社によっては、死亡退職金制度や見舞金の制度、厚生年金基金や、職員年金制度等の**福利厚生制度**を持っているところもあります。

一度よく調べてみる必要がありますね。

さて、社会保険以上の保険がもうひとつあると、私は考えています。

それは、**日本人としてこの日本に生活しているということ**です。

そして、なんと言っても**働くことができる**ということです。

「何を言うんだ、この不景気なときに。働くところがなくて困っている人がたくさんいるじゃないか！」と思われるかもしれません。

もちろんそうです。

でも誤解を招くことを覚悟して言えば、この国ではその気になれば働くところはあるのではないかと思います。

当然、自分らしく働ける職場なのか、お給料が働きに見合っているのかとなると話は別ですが、日本に住んでいる限り、パートやアルバイトをして多少なりともお金を稼ぐことはできるはずです。

それなのに、必要な生命保険の金額を考えるときに、そのことを考慮していない人が多いのにはびっくりします。

もちろん稼げる金額には、人によって違いがあります。ただ万が一ご主人がなくなったとき、保険金で左団扇の生活というのも現実的ではないように思うのです。

とすれば、年間100万円程度のパート代ぐらいは収入が得られると考えたほうが現実的なのではないでしょうか？　そうすれば、30年間で3000万円の収入が見込めます。

もし今、万が一のことがあれば、1億円のお金が今後かかるとして、そのうち年金で4500万円。奥さんがパート収入で3000万円。あわせて7500万円の収入が見込めます。

そうすれば、残り2500万円分のリスクを生命保険でカバーすればよいということになるのです。

こう考えるのが、建設的ですし、保険料の見直しにもつながりますよね。

もし、ここまで考えて生命保険を選んでいないとしたら、それは大きな問題です。

もしかすると**安心を買っているはずの保険で、お金を失っている**なんてことにつながるのです。

◆独身の場合の生命保険

ここまでお読みいただいた方で、「独身の場合はどうなるんだ？」と疑問に思った方もみえるでしょう。賢明な方なら、「もしかすると**独身の場合は、生命保険なんていらないのでは？**」と思ったのではないでしょうか？

そうなのです。

たまに、独身の方で、3000万、4000万円という保険金の生命保険に加入している方がいます。ケースバイケースですが、独身者が死亡した場合、いったい誰にお金を残す必要があるのでしょうか？

ほとんどのケースで必要ないのです。

もちろん、「若いうちのほうが安いのでは」「将来病気になったら、保険そのものに加入できなくなるのでは」など、色々な考え方があります。

その考え方を否定するつもりはありません。しかし大切なことは、**「今、必要なものだ」**ということを前提に考えていくということなのです。

そうすれば、「生命保険は必要ないけど、医療保険は入っておこう」などの新しいアイディアが浮かぶかもしれません。

◆医療保険は必要か？

最近、テレビも雑誌も、クレジットカード会社からの案内も、医療保険の宣伝ばかりです。

「いったい医療保険は、どんなものに、どのくらい加入していればいいのか？」と思っている方も多いようです。

保険会社のパンフレットには、1回の入院にかかった費用だとか、1日当たりに必要な入院額などびっくりするような金額が表示されています。そんな金額は本当に必要なのでしょうか？

ここで、健康保険に登場してもらいましょう。

健康保険とは、皆さんが持っている健康保険証の制度です。

一口に健康保険といっても様々な保障があるのですが、病気やケガについての部分には大きく3つの保障内容があります。

それは、「療養の給付」「入院時食事療養費」「高額療養費」の3つです。

ひとつずつ見ていきましょう。とても大切な部分なので面倒くさがらずに聞いてくださいね。

●療養の給付

「療養の給付」とは、通常医療機関でかかった費用の70％は健康保険が我々の保険料と税金からの財源で負担してくれるという保障です（70歳以上の一部の方を除く）。

ですから、われわれは、かかった医療費の30％を支払っていればいいのです。

例えば、私が窓口で3000円支払ったとすれば、かかった医療費は1万円というわけですね。

最近は法律も変わり、医療費の明細を希望するかどうかたずねられるので、一度明細をもらって見てみるといいでしょう。高額な医療費に驚くこともあります。

●入院時食事療養費

次に、病気やケガで入院した場合です。

当然診察や処置・手術や薬の支給、看護にいたるまで、すべての医療費は、30％負担でいいのですが、入院となると、それ以外に毎日の食事があります。それを保障してくれるのが「入院時食事療養費」です。

このおかげで、一般的には、私たちは1食360円以上を払う必要はありません（例外あり）。1食360円以上の金額については、入院時食事療養費として健康保険が負担してくれるのです。つまり、1日1080円。1ヵ月で3万3480円以上はかからないということです（平成30年4月からは1食につき460円）。

●高額療養費

いくら医療費の70％は健康保険が負担してくれるといっても、「ガンや脳梗塞・心筋梗塞で1ヵ月に500万円も1000万円も医療費がかかれば、かなりの額を負担しなくてはいけないのでは？」と不安になる方もいるのではないでしょうか。

しかし、ご安心ください。健康保険の制度の中には、「高額療養費」というものがあるのです。

例えば、一般所得者（標準報酬月額28〜50万円）の場合、1ヵ月にかかった医療費が1000万円だとして、自己負担額が300万円だとしても、自己負担の限度額は17万7430円となります。

限度額を超える金額は全額高額療養費として、後日支給される、つまり戻ってくるのです。

多数該当といって、自己負担限度額を超えた月以前12ヵ月の間に3ヵ月以上自己負担限度額を超えた月があった場合は、4万4400円まで自己負担限度額が下がるというありがたい制度まであります。

つまり、毎月毎月自己負担限度額を超える、高額な医療費がかかる病気を長期に患った場合は、4ヵ月目からは、4万4400円を超える部分は、高額療養費として戻ってくるわけです。

そう考えると、1ヵ月入院したとしても、正味の自己負担額は10万円前後。それに食事代の自己負担が約2万4000円。あわせても、12万円前後というわけですから、健康保険に入っている限り、意外と医療費はかからないものなのです。

保険会社のパンフレットにはとても大げさな金額が載っていますが、実はそのほとんどは高額療養費の適用前の金額なのです。

もちろん、それ以外に、個室の病室に入れば個室代

70歳未満の人の
1ヵ月あたりの医療費の自己負担限度額

条件	一ヵ月あたりの上限	1年の間に該当月が4回あった人の4回目以降の上限
標準報酬月額83万円以上	252,600円＋(総医療費－842,000円)×1%	140,100円
標準報酬月額53万～79万円	167,400円＋(総医療費－558,000円)×1%	93,000円
標準報酬月額28万～50万円	80,100円＋(総医療費－267,000円)×1%	44,400円
標準報酬月額26万円以下	57,600円	
低所得者※	35,400円	24,600円

※被保険者が市区町村民税の非課税者等

もかかるし、入退院にタクシーを利用すればタクシー代もかかるでしょう。

でもそんな費用まですべてを保険で準備するという考え方はどうでしょうか？

負担する医療費を保険で補いたいということであれば、入院日額5000円もあれば充分だと考えることができるでしょう。

しかし、入院に必要な費用は、医療費だけでしょうか？

医療保険の目的の2つ目に、**「入院することによって失ってしまう収入の補填」**という考え方があります。

これは、サラリーマンや公務員、自営業など職業や勤務先によって違ってきますが、一般的に公務員や大企業にお勤めの方は、ほとんど気にする必要はありません。なぜなら会社の福利厚生がしっかりと行き届いていて、入院したからといって給料がもらえなくなるようなことはないからです。

問題は中小企業のサラリーマンと自営業者です。

サラリーマンは入院した場合、大企業・中小企業問わず、4日目以降最長1年6ヵ月間、おおよそ給料（正確には標準報酬日額）の3分の2にあたる**「傷病手当金」**を社会保険からもらうことができます。

しかし、自営業者の方（国民健康保険）は、傷病手当金の支給はありません。ですから、入院すると無収入になってしまう可能性があります。

そこまで考慮すると、中小企業にお勤めの方は入院日額7000円程度のものに、自営業者の方は入院日額1万円程度の医療保険への加入を検討してもいいかもしれません。

こうやって、リスクばかり考えていくと、なんだかだんだん不安になってきましたよね。

でも、私自身は、この医療保険ですら本当にいるのかなあと考えてしまうのです。

もし、病気で1年間入院したとしましょう。

1年の入院といったらかなり重い病気ですよね。先ほどの計算で1ヵ月にかかる医療費が15万円。これが4ヵ月目からは高額療養費の関係で10万円ほどまで下がるので、1年間の合計が135万円。

この間、お給料が3分の2になってしまうので、年収500万円と仮定すれば、減少した収入は約167万円。

負担する医療費との合計金額は約300万円となります。

当然、1年間で300万円ものお金が必要な一大事ととることもできますが、冷静に考えれば、300万円の預金が常時あれば、医療保険に入る必要がないとも考えることができます。

年収ぐらいの貯蓄があれば、およそたいていのリスクには対応できるものです。過剰に不安になり、掛け捨ての医療保険にたくさんお金を使うことはセンスのいい行動とは言えません。

私自身は、**最低限の保険があれば、医療保険にそれほど保険料を払う必要はない**と思っています。

医療保険は、入院手術の給付金がメインの商品です。自宅静養の給付金が出るものが現時点ではほぼありません。

ましてや、医療保険は、介護状態になった方への給付金は対象とはしていません。介護施設の入所も、ある一定の施設への入所以外は、入院給付金の対象とはなっていないのです。

しかし実際は、自宅静養や介護に関わるお金のほうが家計の大きな負担となるのが現実。このリスクに対しては現状では現金預金で対応していくしかないのです。

◆がんの確率

「がん保険に入ったほうがいいですよね？」

こんな質問をよく受けます。

「男性の2人に1人が、女性の3人に1人が、がんになる時代」などという言葉だけが一人歩きしたせいでしょうか。

もともとこのフレーズは、「がん統計」の統計資料あたりが根拠になっているのでしょうが、この統計資料というのが、実はとても微妙なものなのです。

間違いではないのですが、統計というのは時として、それを利用する側の都合のいいところばかりが強調されるということがあります。

この統計も、全体でながめれば少し見え方が変わってきます。

どうでしょう。

確かに、生涯でがんになる確率は、男性の2人に1人、女性の3人に1人です。

しかし、**60歳までに限定すればその確率は男性6・9%・女性8・5%**。50歳までに限定すると、男性2・2%・女性4・4%となります。

がんは怖い病気です。昔ほど不治の病ではなくなってきたものの、やはり死亡率の高い病気です。その印象と、「男性の2人に1人が、女性の3人に1人ががんになる時代」という部分のフレーズが重なって、「もし、子どもが小さなうちに主人ががんになったらどうしよう」と不安になってしまうのは仕方のないことです。

でも、こうして全体をながめてみると、子ど

現在年齢別がん罹患リスク・男性

現在の年齢	10年後	20年後	30年後	40年後	50年後	60年後	70年後	80年後	生涯
0歳	0.1%	0.3%	0.5%	1%	3%	8%	22%	42%	63%
10歳	0.1%	0.4%	1%	2%	8%	22%	42%		63%
20歳	0.3%	0.8%	2%	8%	21%	42%			63%
30歳	0.6%	2%	8%	21%	42%				63%
40歳	2%	7%	21%	42%					63%
50歳	6%	20%	41%						64%
60歳	16%	39%							63%
70歳	30%								61%
80歳									54%

もが一人前になる前に、がんになる確率はそこまで高くないということが分かります。

「それじゃあ、がん保険はいらないんだ!?」ということではありません。

問題は、情報を正確に把握するということなのです。

最近は、なんにでも過剰に反応して極端に構えてしまう傾向があります。**一度落ち着いて全体をながめる**ことも必要なのです。

◆老後のための個人年金保険は必要か？

最後に、生命保険のもうひとつの機能、貯蓄

現在年齢別がん罹患リスク・女性

現在の年齢	10年後	20年後	30年後	40年後	50年後	60年後	70年後	80年後	生涯
0歳	0.1%	0.2%	0.6%	2%	5%	11%	18%	29%	47%
10歳	0.1%	0.5%	2%	5%	11%	18%	29%		47%
20歳	0.4%	2%	5%	11%	18%	29%			47%
30歳	1%	5%	10%	18%	29%				47%
40歳	4%	9%	17%	28%					46%
50歳	6%	14%	25%						44%
60歳	9%	21%							41%
70歳	13%								36%
80歳									29%

（男女ともに国立がんセンター「がん統計」2016年より）

性について考えていきましょう。

貯蓄型の保険はいくつかありますが、その代表例としてよくあげられるのが、**個人年金保険**です。

個人年金保険は、その名の通り、老後リタイヤしたときの生活費を今から準備していく保険です。

一般的には「10年確定年金」と呼ばれるものが主流で、例えば、30歳から60歳まで毎月1万円の掛け金を払うと、60歳から70歳までの10年間、決まった金額が支給されるというようなものです。

個人年金保険には、死亡時の保険が付いていないのが一般的なので、**掛けている途中で亡くなった場合は、掛け金の相当額が戻ってくる**という仕組みになっています。

その仕組み上、ほとんどの個人年金保険は、払った金額以上の年金が戻ってきます。

もちろん、もらい始めてから10年経過するまでの間に亡くなった場合も、このケースの場合は、遺族に残額が支払われるので、損はありません。

また、加入の特典として、「個人年金保険料控除」といって、所得控除を受けることができます。

※年間10万円以上の保険料の場合5万円の所得控除。ただし年金支払期間が10年以上のもの。

こうやって説明を聞くと、なんのデメリットもない利率のいい貯蓄に聞こえます。

しかし、本当にデメリットはないのでしょうか？

実はそうでもありません。

保険での貯蓄は、個人年金保険に限らず、長期間加入するから利率がよくなるように設計されています。そのため、短期間で解約等をする場合は、支払った金額を下回ったり、定期預金のほうが利率がよかったりするのです。

つまり、長く続けることが基本というわけです。

しかし、どうでしょうか？

この先結婚・出産・子育て・住宅ローンと、何かと出費が続きます。当然、必要な生活費も増えていきます。問題は、「その中でも支払い続けることができるのか？」ということです。

もちろん、老後の資金の確保は大事なことです。しかしそのために支払える住宅ローンの頭金が少なくなって、多額のローンを借りなくてはいけなくなるのなら、それは本末転倒なのです。

◆損害保険

２０１１年の東日本大震災、２０１６年の熊本地震など、ここ数年大災害が続いています。こういった非常事態が起こると、現実的な問題としてやはり保険が気になってきます。

実際こういった震災時に保険はどれぐらい役に立つのでしょうか?

今回の震災を例に考えていくと、被害がもっとも甚大だったのは、地震による津波と火災です。

多くの家や自動車が津波や火災の被害を受けました。こういった場合、家や自動車に保険は、支払われるのでしょうか?

実は、残念ながら、**ほとんどの家・自動車の保険の支払い事由から地震は除かれています。**

多くの保険の説明書には、「地震、噴火、津波、戦争、武力行使、革命、内乱等の事変、暴動、核燃料物質等によって生じた損害障害については、すべての補償項目において保険金をお支払いできません」と書いてあります。

つまり、保険金の支払い対象にはならないのです。

ショックを受ける方も多いと思います。「こういうときのための保険じゃないのか!!」というお怒りの声が聞こえてきそうです。

しかし、これが現実です。

地震による被害が支払いの対象となる保険は実は、地震保険だけなのです。

地震保険は、**火災保険に加入している家だけが加入できる保険**です。保険金額は、火災保険の保険金額の30％から50％に相当する金額の範囲内となっています。

ですから、損害を受けた金額が全額保険で補えるわけではありません。中には保険会社が独自で地震保険で補えない残りの50％を保障している商品もありますが、保険料が高いのが現実です。

とは言っても、こういった有事を目の前にすれば、財産を守ってくれる手段である地震保険を充分検討する必要はありそうです。

また、地震保険はあくまでも、家（建物・家財）のみを対象としているものですから、自動車は対象としていません。自動車に関しては、車両保険というものがあるのですが、この大多数も地震や津波は保障対象外です。

当然、各保険会社によって取り扱いの規程が異なりますので、再度ご自分の加入している保険内容を見直す必要があるでしょう。

こういった機会だからこそ、地震保険の加入の有無、自動車保険の内容について今一度確認してみましょう。

3章　気になり始めた親の介護・お葬式・相続の話

◆意外な盲点、親の介護

両親の介護やお葬式と聞いても、まだピンとはこないかもしれませんね。もしかすると、ちょうどご両親がおじいちゃん・おばあちゃんの介護に苦しんでいるぐらいの頃かもしれません。

日本では、親の介護やお葬式の問題を口にするのをどこか「縁起が悪い」と避けてしまいがちですが、肉体的にも経済的にも深刻な問題です。

私自身も、20代までは「介護？　葬式？　なんのこと？」と思っていました。しかし30代になったとたん、祖父と2人の叔父、そして昨年母をがんで亡くしました。短い期間でしたが、がんで苦しむ母の介護も経験しました。

介護やお葬式。言いたくはないですが、やはりお金のかかる話です。しかも突然やってくるこの問題に、「お金がついていかない」なんてこともしばしば起こるのです。

遠い将来のことと思わず、今から正しい情報を知っておく必要があります。

◆親はいつか介護状態になる

もし今、両親が介護状態になったらどうなるでしょうか？

もちろんほったらかしにはできません。

家で介護するか、**施設に預ける**。この2つの選択肢しかありません。

家で介護しようと思えば、人手がかかります。ホームヘルパーのサービスを利用したとしても、多くの時間を介護に費やさなければなりません。

施設に預ける場合はどうでしょう。

これがなかなか受け入れ施設が見つからないのが現状です。

厚生労働省の発表では、2014年3月の集計で、特別養護老人ホームへ入所を希望している待機者は全国で52万4000人。そのうち在宅で待機している人が、なんと26万人もいるというのです。

私のところに相談にみえる方の中でも、両親の介護のために転職した人や、奥さんが仕事をやめた方がいます。運よく施設に入れたとしても、待っているのはお金の支払いなのです。

まだ子どもにもお金がかかる。

住宅ローンもある。

そこに**親の介護費用**。

いったいどうすればいいのでしょうか？

◆介護にはどれくらいお金がかかる？

実際、介護にはどのくらいの費用がかかるのでしょうか？

「介護保険もできたのに、介護にお金がかかるのが分からない」

そんな人もいるでしょうから、介護保険について簡単に説明していきましょう。


介護保険とは、40歳から64歳までの「第2号被保険者」と、65歳以上の「第1号被保険者」が受けることができる制度です。

在宅サービスの支給限度額と利用のめやす（2015年8月～）

要介護度	支給限度額（1ヵ月あたり）	利用できる在宅サービスのめやす
要支援1	50,030円	**週2～3回のサービス** • 週1回の介護予防訪問介護 • 月2回の施設への短期入所 など
要支援2	104,730円	**週3～4回のサービス** • 週2回の介護予防訪問介護 • 月2回の施設への短期入所 など
要介護1	166,920円	**1日1回程度のサービス** • 週3回の訪問介護、週1回の訪問看護 • 3ヵ月に1週間程度の短期入所　など
要介護2	196,160円	**1日1～2回程度のサービス** • 週3回の訪問介護、週1回の訪問看護 • 3ヵ月に1週間程度の短期入所　など
要介護3	269,310円	**1日2回程度のサービス** • 週2回の訪問介護、週1回の訪問看護 • 毎日1回、夜間の巡回型訪問介護 • 2ヵ月に1週間程度の短期入所　など
要介護4	308,060円	**1日2～3回程度のサービス** • 週6回の訪問介護、週2回の訪問看護 • 毎日1回、夜間の巡回型訪問介護 • 2ヵ月に1週間程度の短期入所　など
要介護5	360,650円	**1日3～4回程度のサービス** • 週5回の訪問介護、週2回の訪問看護 • 毎日2回、早朝・夜間の巡回型訪問介護 • 1ヵ月に1週間程度の短期入所　など

※生命保険文化センター「在宅サービスの支給限度額と利用のめやす」

第2号被保険者は、法律の定める特定疾病を患った場合に対象になります。言い方を変えれば、特殊な場合しか対象にはなりません。

一般的には65歳以上で、介護が必要となる場合に対象となるわけですが、その内容も**「要支援」**と**「要介護」**で分けられ、対象となるサービスが異なってきます。

細かく説明するとキリがないので、お金にかかわる大事なポイントにしぼってお話しします。

介護保険は通常受けたサービスの9割を国が負担。1割が自己負担となっていますが、それはあくまでも、要支援1～2・要介護1～5のランクに応じて、必要と認定されたサービスに限るのです。

つまり、**認定されていないサービスについては、全額自己負担**となってしまうのです。

例えば、在宅サービスの通所サービス（デイサービス）で見ていきましょう。

「要介護5」と認定されれば、週5回の訪問介護を受けられるのですが、「要介護1」の場合は、週2～3回のサービスしか受けられません。

もし、週3回以上サービスを受けようとする場合は、全額自己負担となるわけです。

これは、施設介護にも言えることです。

生命保険文化センターのアンケートによれば、要介護状態になった場合に必要と考える月々の金額は、平均で16・8万円となっています。

実際には、介護保険で受けられる1割負担のサービス以外に、**相当な費用がかかる**ということなのでしょう。

◆介護の期間は意外と長い

介護の特徴は、費用がかかることだけではありません。

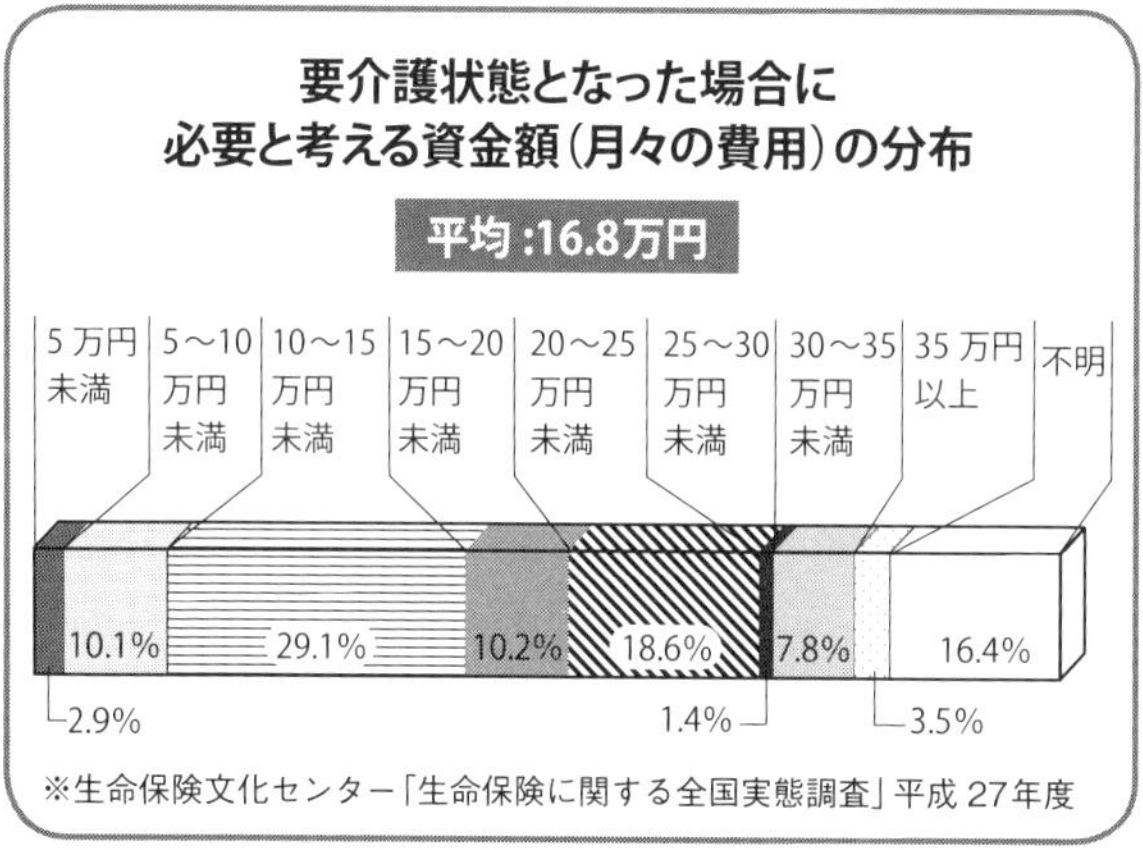

※生命保険文化センター「生命保険に関する全国実態調査」平成27年度

もうひとつ、**期間が長い**ことがあげられます。

生命保険文化センターの調査では、介護期間の平均は**59・1ヵ月（約5年）**にもなり、その期間は年々延びていく傾向にあります。

それもそのはず、この調査には、現在介護中の人の答えも入っているため、介護されている方が亡くならない限り、その年数は増えていくのです。

老人介護は、病気と違い、ほぼ治るということは期待できません。一度介護状態になった場合は、亡くなるまでずっとその状態にあるわけです。

その長期間、もし、奥様が家で介護するということになれば、奥様の収入が無くなります。

共働きでない場合はもちろんのこと、この不景気で多くの主婦はパートに出かけています。家で介護することによって、そのパート収入が無くなるのです。

運よく施設に入所できた場合も、家で介護するより費用の負担が増えます。

親の年金だけでその費用がまかないきれればいいのですが、そうでない場合も当然でてきます。

介護期間

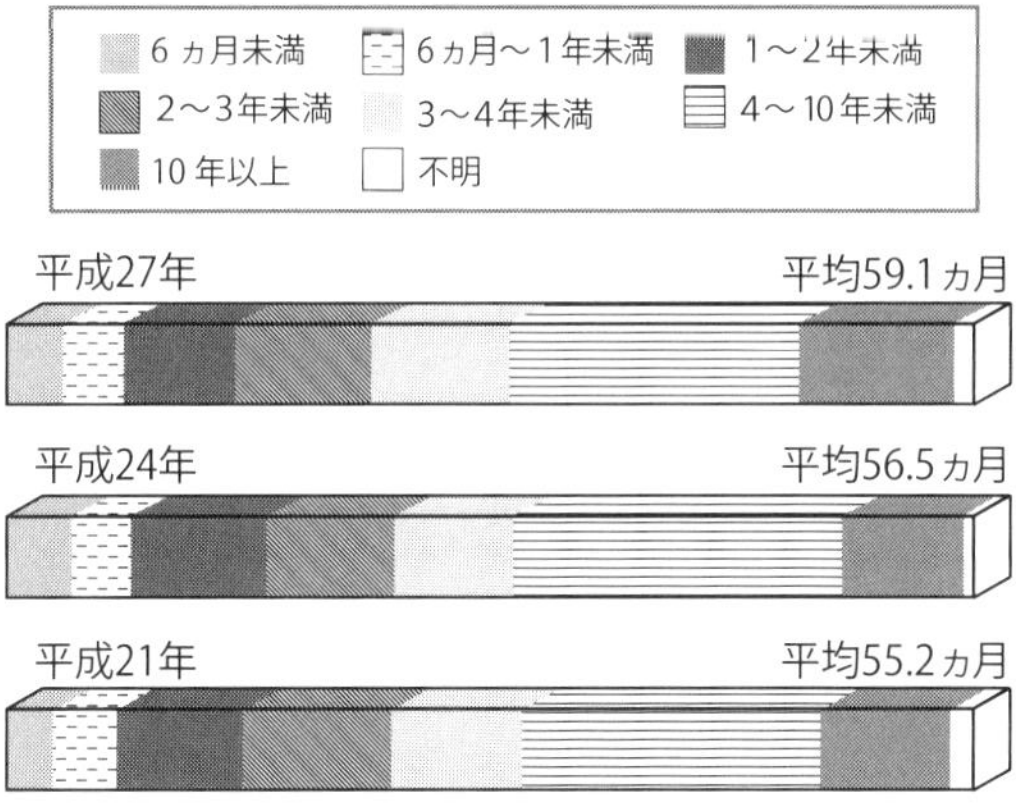

※生命保険文化センター「生活保障に関する調査」平成27年度

年代別人口に占める要介護・要介護認定者の割合

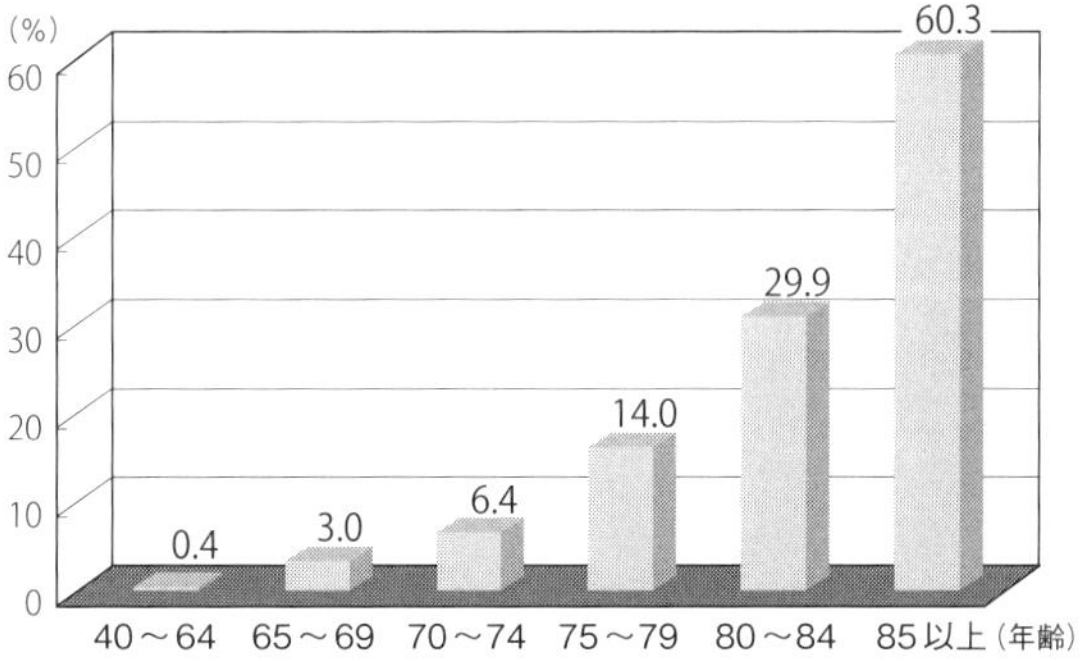

(厚生労働省「介護給付費実態調査月報（平成27年7月審理分)」・総務省「人口推計（平成27年7月確定値)」

どちらの場合でも、介護する私たちに少なからず経済的負担が必要になるケースがあるというわけです。

今の段階でも、85歳以上の2人に1人は介護状態です。

結婚・出産・住宅購入・子どもの進学・住宅ローンの返済が終わって、やっと一息つけそうな矢先に両親の介護の問題が待っているわけですが、これはもう**避けられない**のです。

とは言え、前もって考えておけば、十分対応できることでもあります。「そのとき」になって慌てないように、介護や葬儀に必要なお金について見てみましょう。

◆お葬式の費用は？

一昔前のような、自宅でのお葬式は最近では見かけなくなりました。

公共の斎場の充実や、葬儀業者が自前で**葬儀式場**を運営するようになり、葬儀専用の式場でのお葬式が増えてきたからだと考えられています。

しかし、当然その分、お葬式にかかる費用は、自宅で行っていた場合に比べて増えてきています。
しかも、人が亡くなったときにかかるのは、お葬式の費用だけではありません。家のお墓がない場合は、**墓地**の購入から**墓石**のお金までかかってきます。

【葬儀費用】
通夜からの飲食接待費　33・9万円
寺院の費用（お経・戒名・お布施）44・6万円
葬儀一式費用　122・2万円
葬儀費用合計額　188・9万円
※各項目の金額は平均額で、これらの合計と葬儀費用合計とは一致しない。
※財団法人日本消費者協会「第10回葬儀についてのアンケート調査」（平成26年）の全国平均値による。

【お墓の関連費用】

墓地使用料（貸付のみ）4平方メートル　115・6万円
墓石代　164・6万円
お墓関連費用合計　280・2万円
年間管理費　3320円

※墓地使用料・年間管理料は都立八王子霊園（平成28年度公募）の例。
※墓石代は一般社団法人・全国優良石材店の会「お墓購入者全国アンケート調査」（平成27年）の全国平均値。

人が亡くなった場合の費用は、お墓を持っていない場合、お葬式の費用約190万円にお墓の関連費用約280万円の、あわせて**470万円**もの費用がかかるということになります。

それ以外に、例えば**仏壇**、**法要法事の費用**なども必要です。

もちろん、葬儀の参列者からいただける**香典**もありますから、470万円全部が自己負担になるわけではありませんが、香典の多くは通夜の振る舞い（食事）や香典返しなどで大半がなくなってしまいます。あまり大きくはアテにしないほうがいいでしょう。

両親は自分たちの老後の生活に手一杯です。配偶者の介護なども加わり、金銭的にも、亡くなった後のことまで気が回っていない場合もあります。

「親がお金を残してくれているだろう」と勝手に思い込まずに、きちんと話し合っておく必要があります。

また、お金のことばかりではありません。

一昔前の状況と違い、今は親子が同居していないケースが増えてきました。

お葬式の風習や**墓地の場所**などを意外と知らされていない場合が多く、突然の不幸に右往左往することがあります。

30代にもなったわけですから、いつまでも両親が健在だとは思わずに、大人と大人の会話で本音を語り合っておく必要があるのです。

◆大変なのはお葬式の後

「本音で話し合う」ということが出たところで、お話をしておかなくてはいけない深いテーマがあります。

それは、**相続**についてです。

この話も家庭に持ち込むのはタブー視されてしまいがちですが、かなり重要な話であることは言うまでもありません。

「30歳になる」ということは、こういった大人の話にも関わっていくということなのです。

さて、相続の話というと、よくサスペンスドラマに出てくるような資産家のドロドロした相続争いというイメージを想像し、「我が家には関係ない」と思いがちですが、そうではありません。

相続の問題は、大きく「遺産をどのように相続するか」、つまり**遺産相続**と、「相続時に発生する税金」、つまり**相続税**の2つに分けることができます。

財産の大きさに関わらず、人が亡くなれば必ず相続というのは発生しますので、「ドラマの中のこと」とは思わず、正確な知識をつける必要があるのです。

◆ほとんどの人は相続税を払わなくてもいい

財務省の資料によると、相続税の1人当たりの納税額の平均はなんと2823万円。ものすごい金額ですね。

といっても、最近はテレビの法律番組などで取り上げられるケースも多いですから、ご存じの方も多いでしょうが、実際のところ、相続のときに税金が発生する人はそんなに多くはありません。

実は、相続税を支払わなくてはいけないケース

被相続人1人あたりの相続税額

	合計課税価格		相続税額		
	合計額（億円）	被相続人1人あたり金額（万円）	納付税額（億円）	被相続人1人あたり金額（万円）	合計額に対する納付税額の割合（%）
平成22年	104,630	20,971.7	11,753	2,355.7	11.2
23	107,468	20,843.7	12,516	2,427.5	11.6
24	107,718	20,489.6	12,446	2,367.4	11.6
25	116,381	21,385.3	15,366	2,823.5	13.2

※財務省「相続税の課税状況の推移」より

は、全体の4・3％しかないのです。

このことから、相続税を支払う人は、中途半端なお金持ちではないということが分かります。だから平均すると2823万円にもなるわけです。

ちなみに、どのくらいの財産があれば相続税を支払うことになるのでしょうか？

その秘密は、**「基礎控除」**を知ればある程度分かってきます。

この「基礎控除」とは、税金のかかる財産から差し引ける金額のことです。

相続税の計算上の基礎控除は、

「3000万円＋（法定相続人×800万円）」

と決められています。

法定相続人とは、相続を受ける権利がある人です。

死亡者数に対する相続税課税件数の割合

	死亡者数（人）	相続税の課税件数（件）	相続税の課税があった被相続人の割合（％）	被相続人1人あたり法定相続人数（人）
平成22年	1,197,012	49,891	4.2	3.08
23	1,253,066	51,559	4.1	3.03
24	1,256,359	52,572	4.2	3.00
25	1,268,436	54,421	4.3	2.97

※「課税件数」は相続税の課税があった被相続人の数・財務省「相続税の課税状況の推移」より

例えば、4人家族（父・母・自分・弟）の場合で、父が亡くなった場合の法定相続人は、母と自分と弟の3人となりますから、法定相続人は3人。

この場合、

「3000万円＋（3人×800万円）＝5400万円」

が相続税のかかる財産から差し引ける計算となるわけです。

逆に言えば、**5400万円以上の財産がなければ、相続税は1円もかからない**計算となるのです。

もちろん、財産には、現金預金以外に、不動産（土地・建物）も含まれるので、土地等の値段によっては安心できない場合もあるので、気をつけてください。

◆お金がなくても相続はもめる？

相続税がかからないから一安心なのかといえば、まったく違います。

相続税がかかる・かからないを問わず、亡くなった人がいる以上、その財産は誰かが相続しなくてはいけません。

この話をすると、「我が家は、そんなに財産がないからもめることはありませんよ」という人がいるのですが、そんなことはありません。

お金がなくても、いや分ける財産が少ないほど、相続はもめるケースが多いのです。

近年TVで法律番組が流行したこともあって、兄弟に平等の相続権利があることを多くの人が知るようになりました。

昔は家を継いでいく人が財産を相続していくことが通例だったのですが、時代の変化にともなって相続で争うケースが増えてきました。

身内同士が争うことはあまり気持ちのいいものではありませんが、身内だからこそ、争いだすと引くに引けないということもあるのでしょう。

争いを回避するひとつの手段として、遺言書をまとめておくことも最近では多いようです。

遺言書がとても有効な手段であることは、言うまでもありません。しかしそれ以上

法定相続人の範囲は広い

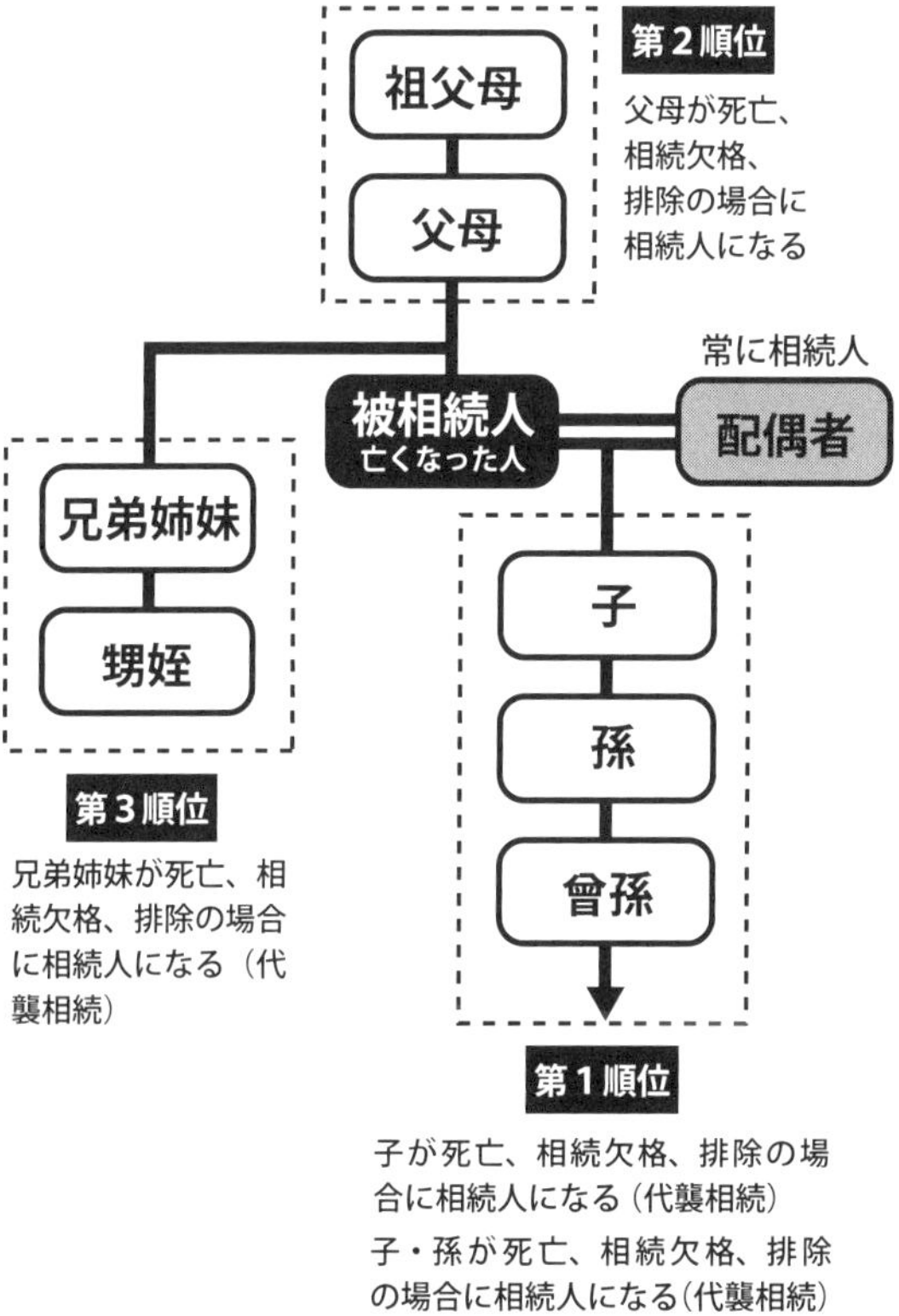

に、**大人として、家族の将来について話し合っておくことが一番必要**なのです。

それが、30歳からの人生なのです。

4章　押さえておきたい税金の話

◆お金の基本・税金

ここまで、住宅・教育・保険・相続など、人生に重要な関わりのあるお金の話を見てきました。

ここまで読んで、今まで関係ないと思っていた法律や社会制度が思った以上に自分と関わっていることに気付いた人も多いのではないでしょうか。

個人と国とは、切っても切り離せないものです。

この章では、お金の話の基本とも言える、私たちの収入と税金の関係を見ていきましょう。

「税金」と聞いて良いイメージを持つ人はあまりいませんよね。

なぜか私たちの頭の中では、「税金＝払いたくない」という方程式が浮かびます。

しかし、一方で「税金＝大人への第一歩」と考えることもできませんか？

社会人になって、初めてもらった給料明細の「税金」の欄。税金が引かれているのを確認して、「俺も社会人になったんだ」と実感したことはありませんか？

車を買えば、重量税や自動車税。家を買えば、不動産取得税に固定資産税。

こう考えると、**私たちが社会人として一人前になっていく道のりの中で、必ず節目・節目に「税金」と出会っていくようになっているのです。**

しかし、私たちは怖ろしいほど、税金について何も知りません。

だから、たまに**税金を払いすぎていることもある**のです。

この章では、税金の中でももっとも私たちに直結している、給料から差し引かれている税金、所得税と住民税を中心に見ていきましょう。

◆所得税

所得税は、その名前の通り**所得**にかかる税金です。

税金の話は、使っている言葉が分かりにくいのがいけません。大体、この「所得」という言葉がすでにはっきりしません。

きっとあなたもなんとなくは分かるでしょうが、「『収入』と『所得』との違いを教えてください」なんて質問されると途端にその違いを答えることができないのではないでしょうか。

辞書によると、所得とは「一定期間に、個人・企業などの経済主体が勤労・事業・資産などによって得た収入から、それを得るのに要した経費を差し引いた残りの額」（三省堂『大辞林』）ということですから、つまりは、収入から経費を引いた残りが、所得だということになります。

しかし、自営業の人なら、売上から経費を引いた残りが所得というのは分かりますが、サラリーマンの「所得」ってなんですか？　ということになります。

そうですよね。サラリーマンがお給料から必要経費を引けるなんて、聞いたことがないですよね。

いったい、何が必要経費なのかも分かりませんし、個人の領収書をとっておいて税金の計算をするということも経験がないはずです。

それでは、サラリーマンは必要経費が認められていないのでしょうか？

実は、そうではありません。ここが、この所得税のカラクリ的な部分なのです。

詳しくは、この後の年末調整のところで見ていくのですが、もうひとつ、自営業の人とサラリーマンでは決定的な違いあります。

それは、**税金の払い方**です。

自営業者は、1年に1度、収入と支出を計算してみずから税金を納めますが、サラリーマンは違いますよね。会社から支払われる毎月のお給料から、自動的に税金が差し引かれています。

つまり、あなた方の代わりに、会社が税金の徴収を代行している仕組みをとっているのです。

これを**「源泉徴収」**と呼んでいます。1年間の金額等を証明したものを「源泉徴収票」といって、年末もしくは年明けに会社からもらいます。

つまり、**サラリーマンは年金にしろ税金にしろ、自動的に会社が計算してくれる**ということです。

これは、国としては確実に徴収できるので効率的な方法なんでしょうが、一方で「どうしてこんな金額になるのか？」「どういう仕組みで計算されているのか？」を考える機会をなくしてしまう原因にもなっています。

だからこそ、一度ぐらいはこの、毎月お給料から引かれる税金の仕組みを考えてみるのもいいのではないでしょうか。

◆年末調整とはなんだろう？

さあ、話は少しだけ難しくなってくるので、頑張ってください。

「年末調整」という言葉を聞いたことがある人は、多いのではないでしょうか？

これは、サラリーマンの方限定の言葉で、自営業者には関係ありません。ですから、ごめんなさい。しばらくサラリーマンの方限定の話になってしまいますが、お付き合いください。

所得税というのは、原則1月1日から12月31日の1年間に発生した所得を計算して納めるものです。

だから、本来は年の途中で税金を計算することはできません。

だけど、サラリーマンは毎月のお給料から税金を払っています。これはどういうことか？

実は、**毎月のお給料から払っている税金は、仮に計算された税金であって、本当の金額ではない**のです。これが、とても重要な部分です。

つまり、仮計算して払っている税金を、1年に1度正しく計算し直さなくてはいけないのです。

これが、「年末調整」です。

年末調整では、1年間の所得を正しく計算して出た正しい税金と、毎月のお給料やボーナスの時に仮に支払った税金の差額を調整します。

取りすぎていれば返してもらえるし、足りなければ不足額を支払わなければいけません。

では、どうやって1年間の収入から、支払う税金の額を計算するのでしょうか？

計算という言葉が出るとアレルギーをおこす人もいますが、安心してください。基本的に、会社の経理が全部処理してくれることです。

私たちは、その中で個人差が出る部分だけを押さえておけばいいのです。

税金の計算はザックリ説明すると、このような流れです。

給料＋ボーナスの合計金額（額面）－

給与所得控除
社会保険料控除
生命保険料控除・地震保険料控除★
配偶者特別控除★
配偶者控除・扶養控除★
基礎控除（38万円）

差引給与所得額×税率＝所得税

給与所得控除は、給料の金額で自動的に決まってしまうので、こちら側では何ともなりません。社会保険料控除も、1年間に払った年金・健康保険料の合計金額を差し引くだけなので、問題ありません。基礎控除は、誰でも同じ条件です。

とすれば、★印をつけた残りの3つに個人差が生まれてきます。

言い方を変えれば、私たちは、この3つだけをポイントとして押さえておけばＯＫなわけです。

それでは、ひとつずつ見ていきましょう。

◆生命保険料控除・地震保険料控除

生命保険料控除は、平成24年より制度が変わりました。

従来の**一般生命保険料の控除**、**個人年金保険料**の控除以外に、**介護医療保険料控除**が新設されたのです。

3種類ともルールは同じで、年間8万円以上の保険料を納めていれば、4万円控除してもらえます。ですから、3種類とも8万円ずつ保険料を納めていれば、合計12万円控除が受けられるということです。

個人年金保険は、多くの場合で払った分以上にお金を受け取ることができる保険です。なおかつ保険料控除が受けられるわけですから、余裕がある人は加入を検討してもいいでしょう。

8万円以下は、下の表にまとめたので参考にしてください。

次に地震保険料控除です。

一昔前は「損害保険料控除」という名前でしたが、今は「地震保険料控除」という名前に変わりました。

これは、建物や家財に地震保険をかけている人だけが対象になるもので、1年間

所得税の生命保険料控除

年間の支払い保険料等	保険料控除額
2万円以下	支払保険料等全額
2万円超4万円以下	支払保険料等×1/2+1万円
4万円超8万円以下	支払保険料等×1/4+2万円
8万円超	一律4万円

一般生命保険料控除 ＋ 個人年金保険料控除 ＋ 介護医療保険料控除 ＝ **最高12万円の控除**

※個人住民税も別途最高7万円控除が可能

に払った保険料が、５万円までは支払った額がそのまま、５万円を超える場合は５万円までが控除できる仕組みになっています。

また、平成18年12月31日までに保険期間が10年以上ある損害保険に加入している場合は「旧長期損害保険料」として控除できます。

なんだか難しそうな言葉が出てきて、よく分からないと思われるでしょうが、心配しないでください。

保険に加入している場合、秋から年末にかけて、**保険料控除の証明書**というのが、加入先の保険会社から送られてきます。そこに、「地震保険

地震保険料控除

区分	年間の支払保険料の合計	控除額
(1) 地震保険料	５万円以下	支払金額
	５万円超	５万円
(2) 旧長期 損害保険料	１万円以下	支払金額
	１万円超 ２万円以下	支払金額÷２ ＋5,000円
	２万円超	１万5,000円
(1)・(2)両方がある場合	(1)、(2)それぞれの方法で計算した金額の合計額（最高５万円）	

料〇〇〇円」「旧長期損害保険料〇〇〇円」などと書いてありますから、それを見ながら計算すれば問題ありません。生命保険も同じです。

大切なのは保険会社から送られてくる保険料控除の証明書を保管しておくこと、またなくしてしまった場合は、再発行してもらうことなのです。

◆奥さんのパート収入は年間いくらまでだとお得なの？

では、次に配偶者控除・配偶者特別控除に話を進めていこうと思います。

ここが分かると、ずいぶん税金のことが分かったような気になるので、面倒くさがらずに付き合ってください。

配偶者控除というのは、1年間の所得が38万円以下の配偶者がいる場合に、計算上38万円が所得控除できるというものです。

また出ましたね。キーワードの**「所得」**という言葉です。

そう、**所得が38万円**以下ですから、収入が38万円以下ではありません。

所得が38万円以下ということは、「103万円−給与所得控除65万円＝38万円」で、**収入で103万円以下**だということです。

103万円。この金額は、奥様方がパートやアルバイトをする場合、扶養の範囲内で配偶者控除が受けられるときの目安の金額なのです。

でも本当に、パートやアルバイトの収入を103万円以内にしたほうがいいのでしょうか？

これを考えるために、**「配偶者特別控除」**というものを見ていきましょう。

配偶者特別控除の方は、所得が38万円を超える人、つまり収入が103万円を超える

配偶者特別控除の額

配偶者の合計所得金額	控除額
38万円を超え40万円未満	38万円
40万円以上45万円未満	36万円
45万円以上50万円未満	31万円
50万円以上55万円未満	26万円
55万円以上60万円未満	21万円
60万円以上65万円未満	16万円
65万円以上70万円未満	11万円
70万円以上75万円未満	6万円
75万円以上76万円未満	3万円
76万円以上	0円

配偶者がいる場合に利用できるというものです。

具体的には、下の表の通りです。

つまり、所得で76万円未満・収入で141万円未満であれば、少なからず配偶者特別控除が受けられるということになります（収入が161万9000円までの人は、収入から65万円を引くと、所得が出ます）。

では、具体的に、年収を103万円にした場合と、140万円まで働いた場合を比べて、家族の手取り収入がいくらぐらい違うかを見ていきましょう。

【年収が103万円の場合】
奥様の税金…9000円（手取り102万1000円）
所得税…0円
住民税…所得割5000円＋均等割4000円（東京都の場合）
※配偶者控除38万円のため、ご主人の手取りに変動なし
つまり、家族の手取りは、102万1000円

【年収が140万円の場合】
奥様の税金…6万4500円（手取り133万5500円）
所得税…1万8500円
住民税…所得割4万2000円＋均等割4000円
（東京都の場合）

※配偶者特別控除3万円のため、ご主人の税金が5万2500円増加つまり、家族の手取りは、128万3000円増加（※所得割は所得の10％・均等割は地域によって差がある）

「税金を払わなくてはいけなくなるから」といって、103万円以内に無理やり収入を収めようとする奥様もいらっしゃいますが、税金のことだけを言えば、**働けるのであれば、103万円を超えて働いたほうがいい**ことになります。

しかし、ここで問題なのが、**社会保険料**なのです。

少し脱線しますが、ここはとても大事なことですし、ご相談も多いところなので、少し説明させてください。

所得税では、配偶者控除やこの後出てくる扶養控除を受けることができるのは、所得で38万円以下・収入で103万円以下と決まっていますが、社会保険では、少し違います。

健康保険で扶養になる人は、年間収入で130万円未満（従業員が501名以上の企業の場合は106万円、60歳以上や障害年金受給者の場合は180万円未満）で、被保険者の2分の1以下の年収の場合とされています。

この基準は、厚生年金にも適用されますから、つまり大抵の場合、年収が130万円以上になると社会保険の扶養から外れて、別に健康保険や年金を納めることになるのです。

扶養にならない場合を計算すると、少なくとも社会保険料が40万円程度になるので、税金とあわせて考えれば、年収で130万円以上になる場合は、おおよそ180万円を超えるぐらいまでは、手取りが逆に少なくなってしまうということになるのです。

もちろん正社員で働く共働きの場合はいいですが、パートやアルバイトの場合は、**130万円の壁**があることを知っておく必要があります。

それ以外にもうひとつ、気をつけないといけないポイントがあります。

もしもご主人の会社が奥様に対して**家族手当**を支払っている場合です。この家族手当の基準は会社によってバラバラです。

中には配偶者控除が基準になっている場合もあるので、よく会社の支給基準を確認してからパート・アルバイトの収入を調整することをおススメします。

つまり、都市伝説のように、103万円以内という話を信じて収入を調節しているのであれば、(会社の家族手当の基準を確認したうえで)**年間130万円未満までなら、働いたほうが家族の手取りが増える**ことを覚えておきましょう。

特に、近年この配偶者控除を見直そうという動きがあります。

103万円の壁が主婦の社会進出を妨げている原因になっているのではないかと言われているからです。

しかし同時に、社会保険が適用される金額は厳しくなってきています。いったいどんな働き方が一番お得なのか、最新の情報を追いかけていかないといけません。

◆扶養控除額

扶養控除は、扶養している妻以外の家族の内容によって、自動的に決まります。だから、私たちが考える必要も覚える必要もあまりないのですが、最近法律改正があったところなので、少し説明していきましょう。

その法律の改正には、**「子ども手当」**が関係しています。

実は、平成22年までは、16歳以下の子ども1人につき38万円の扶養控除ができました。しかし子ども手当の創設で、16歳未満の扶養家族の控除はなくなってしまったのです。

現在は16歳以上の年間所得38万円（収入103万円）以下の家族が控除の対象にな

ります。ですから、場合によっては、子ども手当をもらっても、税金が増える分を差し引きすると、家族の手取りがマイナスになるケースも出てくるのです。

もし民主党が最初に公約していた、子ども1人当たり2万6000円の支給だったら、こんなことは起こらなかったのですが……。

子ども手当が今後どうなるかという問題を、単純にもらえる金額の増減だけでなく、税金や政治などと関連づけて総合的に考えられるようになれば、一人前の大人になったと言うことができるでしょう。

さて、こんなふうに、毎月仮に支払っている税金との差額を調整して、もしも仮に支払った税金が多ければ戻ってくるし、少なければ追加で払わなくてはいけないというわけです。

こうやって、年末に所得税が確定してから調整するので、この作業を「年末調整」と呼んでいるのです。

ザックリした説明でしたが、何度も言いますが、こんな内容や細かい金額を覚える必要などありません。細かい部分はその都度、インターネット等で調べればいいのです。それよりもこの一連の流れを分かっておくことのほうが重要なのです。

そして有効に利用できる部分は、利用していけばいいのです。

◆サラリーマンに確定申告は必要ないのか？

ここまで、年末調整の説明を簡単にしました。

では、サラリーマンは年末調整だけしておけばいいのでしょうか？

実はそれ以外にも、**「確定申告をしなくてはいけない人」**と、**「確定申告をしたほうがいい人」**がいるんです。

特に「確定申告をしたほうがいい人」は、払いすぎた税金が戻ってくることがあるので、必見です。

それでは、まず確定申告をしなくてはいけない人から見ていきましょう。

●確定申告をしなくてはいけない人

1・給料の年間収入が２０００万円を超える人
2・1か所から給料の支払を受けている人で、給与所得及び退職所得以外の所得の金額が合計で20万円を超える人
3・2か所以上から給与の支払を受けている人で、主たる給与以外の給与の収入金額と給与所得及び退職所得以外の所得以外の所得の合計金額が20万円を超える人

うーん、分かりづらいですよね。

1の人は単純なので理解に苦しむことがないのですが、問題は2、3の場合です。

2を簡単に言えば、**給料と退職金以外の所得が20万円以上ある人**です。外貨の売り買いで利益が20万円以上出た人や、ネットオークションを利用して儲けが20万円以上出た人などが該当します。

3は、**2ヶ所以上からお給料をもらっている人**をさしています。その他、途中で

会社を辞めた場合や、転職をした場合も、確定申告をする必要があります。

◆会社を辞めた人・転職した人は税金を払いすぎている？

年末調整は、その名前の通り、「年末」に調整する作業です。

じゃあ、年末前に仕事を辞めた場合や、転職した場合はどうなるのでしょう。

もう想像できますよね。仮計算で支払った税金がそのままの状態になっている場合が多いのです。

転職した場合、転職先の会社が前の会社の分まで計算してくれるケースもありますが、ほとんどの場合は転職後の給料だけの計算ですから、前職の分は仮計算のままです。

みなさんも経験があると思いますが、「年末調整」って楽しみじゃないですか？

なぜなら、多くの場合、仮に支払った税金よりも、正式な所得税のほうが少ない、つまり、お金が戻ってくる場合が多いからですよね。

そうなんです。年末調整をしていない場合、税金を多く払いすぎている場合があるのです。

こういう場合、**自分で年末調整をしてきちんと税金を計算すれば、税金が戻ってくる場合があります。**

この自分で年末調整をする方法が確定申告なのです。

確定申告というと、「自営業者でない自分には関係ない」と思っている人も多いですが、こういう使い方もあるので、利用しましょう。

◆確定申告をしたほうがいい人は？

確定申告をしたほうがいい人はどんな人でしょう。

実は、年末調整では控除できなくて、**確定申告でしか控除できないことがあります。**

それに該当する人は、確定申告をしたほうがいい人になるわけです。

具体的にどんな人なのかを見ていきましょう。

●雑損控除

次のいずれかの場合により、損害を受けた場合に、その損害額から保険等で補填される金額を差し引きした金額を控除できる制度です。

（1）震災、風水害、冷害、雪害、落雷など自然現象の異変による災害
（2）火災、火薬類の爆発など人為による異常な災害
（3）害虫などの生物による異常な災害
（4）盗難
（5）横領

なお、詐欺や恐喝の場合には、雑損控除は受けられません。
もちろん、損害額すべてが控除できるわけではありません。
次の2つのうちいずれか多い方の金額が控除できます。

（1）差引損失額 − 総所得金額等 ×10％
（2）差引損失額のうち災害関連支出の金額 − 5万円

損失額が大きくてその年の所得金額から控除しきれない場合には、翌年以後（3年間が限度）に繰り越して、各年の所得金額から控除することができます。

なお、雑損控除は他の所得控除に先だって控除することとなっています。


正直言ってよく分からない！

ごもっともです。これについて細かく説明するつもりもありません。毎度のことながら、「こんな場合、なんか税金の計算から引けるものがあったなあ」ぐらいで結構です。

しかし災害関係の損失はものすごく大きいので、その年では控除しきれません。そんな場合3年間は繰り越して控除できるので、そのポイントだけを押さえておいてください。

●寄付金控除

国が「ここへの寄付なら控除してもいいよ」と決めた団体への寄付金のうち、一定額を控除できる制度です。

最近はNPO法人などの活動に対しても一部寄付金と認められるものがありますので、そういう活動を支援している場合などは、対象になるかどうか、一度調べてみてもいいでしょう。

●医療費控除

「医療費控除」という言葉は聞いたことがある、という人は多いのではないでしょうか？

特に、妊娠・出産をされたときに使える場合があることが雑誌等でちょくちょく紹介されているのでご存じの方も多いのでしょう。

医療費控除とは、その名前の通り、1月1日から12月31日の1年間にかかった**医療費の一部を所得から差し引ける**というものです。

医療費控除の対象となるのは、次の式で計算した金額（最高で２００万円）です。

（実際に支払った医療費の合計額－（1）の金額）－（2）の金額

（1）保険金などで補てんされる金額

（例）生命保険契約などで支給される入院費給付金や健康保険などで支給される高額療養費・家族療養費・出産育児一時金など

（注）保険金などで補てんされる金額は、その給付の目的となった医療費の金額を限度として差し引きますので、引ききれない金額が生じた場合であっても他の医療費からは差し引きません。

（2）10万円

（注）その年の総所得金額等が200万円未満の人は、総所得金額等5％の金額

第1章でも説明しましたが、妊娠している時の検診は、自治体が助成してくれる以外は実費になります。もちろん出産も、帝王切開等でなければ全額実費となるので、妊娠・出産する年は多くの医療費がかかり、医療費控除が受けやすいのです。

医療費控除を受けるためには、領収書などの支出を証明する書類が必要なので、捨てずにとっておくことが大切です。

しかし、ポイントはそれだけではありません。実は隠れたもうひとつのポイントがあるのです。それは、「医療費控除の概要」の部分に載っているこの一文に隠れています。

> 自己又は自己と生計を一にする配偶者やその他の親族のために医療費を支払った場合には、一定の金額の所得控除を受けることができます。これを医療費控除といいます。

カンのいい人なら、もう「ピーン」ときたことでしょう。

そう、医療費控除は、**何も自分の医療費だけではない**のです。つまり配偶者やそのほかの家族の医療費も合計できるのです。

つまり、両親や子どもも含めてすべて生計を一としている家族であれば、1年間にかかった医療費を合計することができます。

1人分だけでは年間10万円（所得総額が200万円未満の場合は5％）以上医療費を払っていなくても、家族全員なら、もしかしたら必要な金額を超えられるかもしれません。

くれぐれも、医療費の領収書はとっておくように、家族に徹底させましょう。

●住宅借入金等控除

一般的に「住宅ローン控除」「住宅ローン減税」と言われているものです。

住宅ローンを組んだ人は、最初の1年目に必ず確定申告をしなければなりません。

簡単に説明すれば、住宅ローンを借りた人は、10年間、年末の住宅ローンの残高の1％（長期優良住宅等は1・2％）が税金から控除できるというものです。

ただし、残高が1億円あっても上限が5000万円（長期優良住宅等は6000万円）までなのでご注意ください。

これは、雑損控除・寄付金控除・医療費控除と違って、計算された税額から直接控除できるものなので、前の3つに比べて税金を安くする効果はかなりのものです。

逆に注意することは、**支払った税金以上に控除はできない**ということです。

例えば、年末調整の結果、今年の税金が20万円だったとしましょう。住宅ローンの残高が３０００万円あった場合、住宅ローン控除の金額は、３０００万円×１％ですから、30万円となります。

しかし、支払った税金は20万円ですから、20万円以上は引けないということになるのです。

でも、心配はありません。**引ききれなかった分は、住民税の計算で引いてくれる**ので、翌年の住民税が安くなります（引ききれない場合、課税所得の５％または９万７５００円のどちらか少ない金額まで引いてくれます）。

２年目からの控除は年末調整で計算してもらえますが、最初の１回目だけは、必ず確定申告で行わなければなりません。忘れずに、確定申告に行きましょう。

難しく考えなくても、税務署・役場の税務課の職員の方が親切に教えてくれます。

ただし、足りない書類があると何度も足を運ぶことになってしまうので、事前にインターネット等で申告に必要な書類だけはチェックしておきましょう。

◆年金暮らしの親を扶養に入れることができるのか？

意外とマイナーですが、確定申告をして税金が還付される方法に、扶養家族を多くするという方法があります。

知っている人は知っているという方法ですが、参考になるかもしれませんのでざっと見ていきましょう。

先ほどの年末調整の、税金の計算の流れを思い出してください。単純に税金の額を少なくしようとすれば、控除の金額を多くすればいいわけですよね。

しかし、配偶者特別控除を増やすということは収入を少なくするということですし、生命保険料控除や地震保険料控除を増やすといっても、それ以上に保険料を払っているわけですから、意味がありません。

そうすると、簡単に控除額を増やす方法は、**扶養家族を増やす**ことになるのです。

でも急に家族が増えるわけではありません。ではどう考えるか？　扶養に入っていない家族を扶養に入れることができないかと考えるわけです。

その代表例が、年金暮らしの両親です。

どういう場合に扶養家族になるかといえば、**所得が38万円以下の16歳以上の家族**です。

では、年金をもらっている両親の所得はどのように計算されるのかというと、左図の通りです。

少し例をあげて考えてみましょう。

65歳以上で、年金のみで生活している両親がいるとします。父親の年金は140万円、母親は80万円だったとしましょう。

それぞれ収入から120万円控除できますから、父親の所得金額は20万円、母親の方は所得金額は0円となります。

つまり、2人とも所得金額が38万円以下なので、扶養家族の対象となり、あなたの税金が安くなるのです。

「でも、一緒に住んでいないし」と思ったあなた、さらに朗報です。

実は、税金のルールでは、扶養家族とは「生計を一としている者」となっているわ

公的年金等に係る雑所得の速算表（平成17年分以後）

年金を受け取る人の年	公的年金等の収入金額の合計額	割合	控除額
65歳未満	（公的年金等の収入金額の合計額が 700,000 円までの場合は、所得金額はゼロとなります。）		
	700,001円から 1,299,999円まで	100%	700,000円
	1,300,000円から 4,099,999円まで	75%	375,000円
	4,100,000円から 7,699,999円まで	85%	785,000円
	7,700,000円以上	95%	1,555,000円
65歳以上	（公的年金等の収入金額の合計額が 1,200,000 円までの場合は、所得金額はゼロとなります。）		
	1,200,001円から 3,299,999円まで	100%	1,200,000 円
	3,300,000円から 4,099,999円まで	75%	375,000 円
	4,100,000円から 7,699,999円まで	85%	785,000 円
	7,700,000円以上	95%	1,555,000 円

けですが、この「生計を一とする者」とは、**必ずしも同居でなくてもいい**のです。「生計を一にする」とは、必ずしも同居を要件とするものではありません。例えば、勤務、修学、療養費等の都合上別居している場合であっても、余暇には起居を共にすることを常例としている場合や、常に生活費、学資金、療養費等の送金が行われている場合には、「生計を一にする」ものとして取り扱われます。

なお、親族が同一の家屋に起居している場合には、明らかに互いに独立した生活を営んでいると認められる場合を除き、「生計を一にする」ものとして取り扱われます（所得税基本通達2―47）。

つまり、一緒に住んでいない両親でも、条件さえ整えば、扶養控除の対象の家族にすることができるのです。

通常扶養家族は会社に通知し、年末調整のときに計算しますが、もし知らずにいて会社に伝えていなくて、もう年末調整が終わってしまった場合などは、確定申告が有効な手段となるわけです。

◆意外と簡単!?　確定申告

では、確定申告はどうやって行えばいいのでしょうか？

確定申告とは、個人が1月1日から12月31日の1年間の収入・支出、各種控除などを計算して、所得税の金額を確定し、税務署に申告することをいいます。

申告期間はおおよそ2月16日から3月15日までの1ヵ月間です。

多くの場合は、税務署や区市町村役場で、この時期に税金の相談・申告コーナーが開設されているので、そこに行けば職員がくわしく教えてくれます。

自営業者の方は、お近くの青色申告会という税務署の協力団体が自営業者のための申告相談をしてくれますので、お尋ねください。

下書きぐらいまでなら書いてくれるケースもありますから、ご安心ください。

大切なのは、**どんな目的で確定申告をするのか**ということです。

転職したからなのか、医療費控除を受けたいのか、住宅ローン控除の手続きがしたいのか。

目的が明確になっていれば、事前に必要なものだけを国税庁のホームページで調べて持参すれば、ほとんど1、2回で手続きは終了します。

ここまでお付き合いいただいた皆さんならきっと、確定申告の手引きという申告書とセットで配られている書き方のマニュアルさえ読めば、ある程度のところまでは自分でできると思われます。

問題は、今までこういうことに向き合わなかったという点だけですから、正面から向き合えば意外と簡単なものです。

◆住民税

今までのところでも少し登場した住民税。でも、「住民税の確定申告をしたことがある」という人は、ほとんどいないでしょう。

そうなんです。住民税をわざわざ自分で確定申告をすることは、基本的にはありません。

なぜかというと、**住民税の申告は、所得税とセットで行われている**からです。

どういうことか？

所得税の計算は、年末調整や確定申告をすることによって、自動的に計算されるようになっているのです。

計算の流れは、年末調整・確定申告とほぼ同じ。違う点は、控除の金額ぐらいです。

例えば、生命保険料控除は所得税が10万円上限だったのに対して、住民税が7・5万円だったり、基礎控除や配偶者控除等は所得税が38万円だったのに対して、住民税が33万円だったりと、住民税の控除額のほうが少ない傾向があります。

住民税の税率は平成19年の6月から一律10％に引き上げられ、その分所得税率が引き下げになりました。

さて、ここでの問題も、会社を中途で辞めた人や転職した人です。

所得税とセットで計算されている以上、所得税を年末調整していない状態でそのままにしておくと、所得税を多く納めるばかりでなく、翌年からの住民税があがる可能性があるわけです。

ましてや、収入によっては、所得税が税率5％で、住民税が10％という場合もあります。

つまり、**所得税より、住民税のほうがインパクトが大きな場合もある**のです。

「確定申告なんかしても数千円しかもどってこないから、面倒くさい」なんて思っていると、翌年の住民税がどーんと増えることもあります。

ですから、所得税のためだけではなく、住民税のためにも、確定申告はするべきなのです。

5章　知らないと損をする年金の話

◆分からないでは済まない年金

「消えた年金問題」や「年金未納問題」など、ニュースでたびたび耳にする「年金」ですが、正直なところ、かなり分かりにくい印象があるのではないかと思います。

実はその通りで、年金については、**専門家でもよく分からない部分があると言われるほど複雑になってしまっています**。

年金のすべてを誰も把握していない。これが実は年金問題のもっとも闇の部分なのかもしれません。

しかし、よく分からないからと言って、年金問題を避けてしまっていいのでしょうか？

答えは「ＮＯ」。

「分からない＝関係ない」では、30代は通用しないのです。

これから順を追って説明していきますが、**「分からない↓調べてみる」**という思考をするだけで、びっくりするぐらい人生をお得に生きていくことができるのです。

だからといって、なにも専門家になるわけではありませんから、おおよそのポイントだけを理解していればＯＫです。
では、年金について押さえておかなくてはいけないポイントはなんでしょうか？

◆年金には種類がある

まず始めに押さえなければならないポイントは、年金には種類があるということです。

これがなにかとややこしく誤解が生まれやすいところなのですが、その種類とは、大きく分けて、

・国民年金
・厚生年金
・共済年金

の3つです。

「そんなことぐらいなら分かっているよ」と思わず聞いてください。

簡単に説明すれば、左下の図の通りです。

国民年金は、厚生年金や共済年金以外の人が加入しているものです。

通常は強制加入なのですが、支払いを口座引き落としにしていない場合は、年1回市町村から納付書という紙が送られてきます。この納付書を使ってみずからお金を払う仕組みになっているので、払っていない人が多くいます。

厚生年金は、一般的にサラリーマンが加入しているもので、保険料はお給料から天引きされます。

天引きされた保険料に、会社が同じ金額を足して1人分の保険料となり、会社から国に支払う仕組みになっているので、会社がちゃんとしていれば、支払い忘れは絶対にありません。

共済年金は、厚生年金の公務員版と思えばいいでしょう。

図を見て、自分がどの年金に加入しているか分かりましたか？

一番多いのは、厚生年金だと思われます。通常サラリーマンは、厚生年金に加入しているからです。

しかし、従業員5人未満の個人経営の会社や、個人経営の弁護士事務所や税理士事務所などは加入が強制されていないので、厚生年金でない場合も考えられます。

基本的には、給料から社会保険料が天引きされていれば、厚生年金だと考えるといいでしょう。

ここでよくある勘違いが、

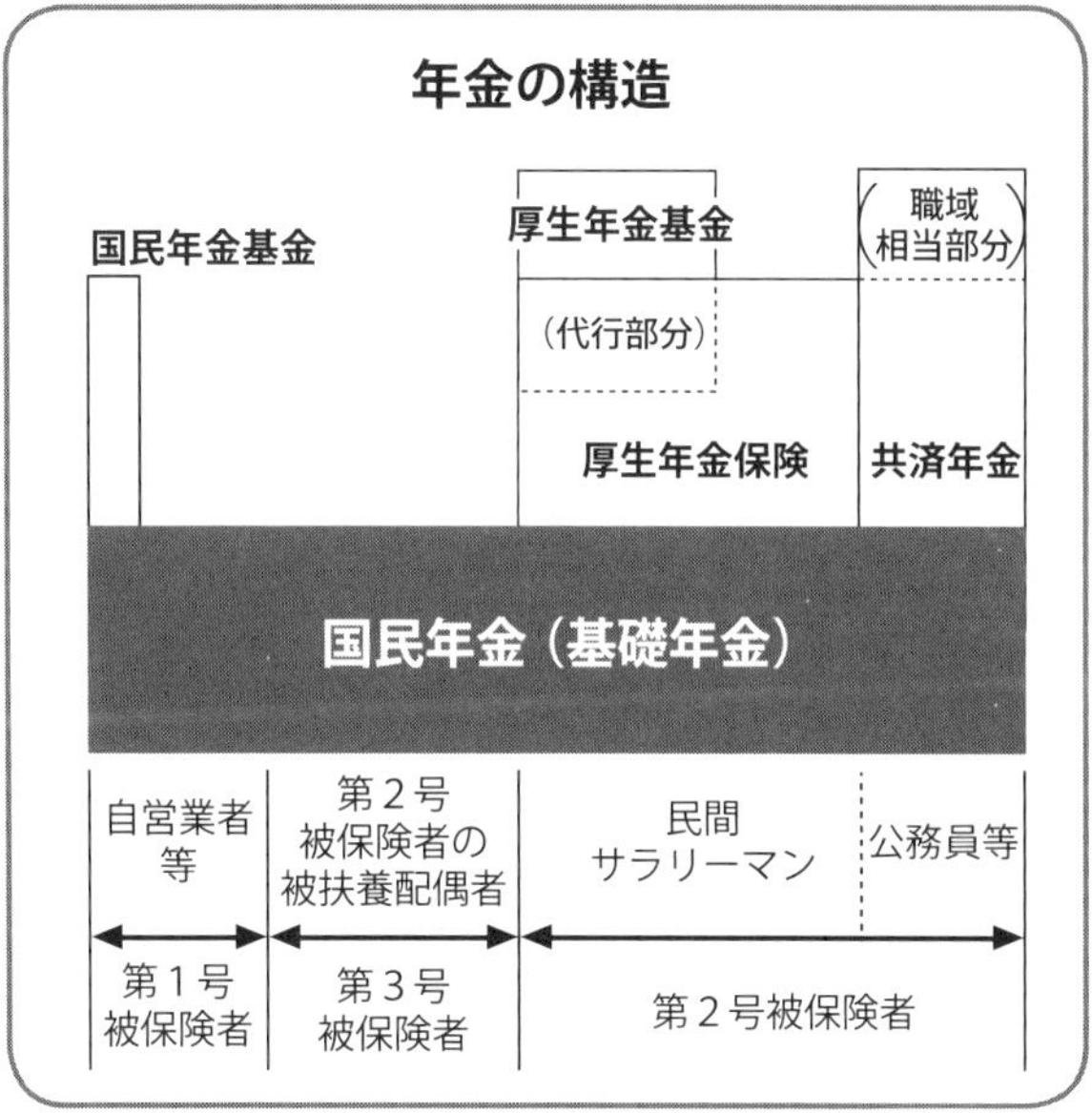

「厚生年金や共済年金の人は、国民年金と関係がないのでは？」ということです。

決してそんなことはありません。

国民年金は、別名「基礎年金」と呼ばれています。ですから、厚生年金の人も、共済年金の人も、国民年金には加入していることになっているのです。

そして、厚生年金や共済年金の配偶者で扶養になっている人（収入が少ない人）は、保険料を払わなくても国民年金に加入していることになっています。

つまり、**国民年金は、建前上日本国民全員が加入している**ということになるのです。

第1号被保険者（第2号・第3号以外の人）
第2号被保険者（厚生年金や共済年金の人）
第3号被保険者（厚生年金や共済年金の配偶者で扶養になっている人）

国民年金の中での呼び方がこんなふうになっているので、年金の話はややこしくなってしまうのですが、あまり難しく考えないで、今自分がどの年金に加入しているのかを知ることが大事です。

◆年金は老後だけのものではない

年金と聞くと、まず「お年寄りがもらっているもの」と思いがちですが、実はそれは年金の機能のひとつでしかありません。

年金には、老後にもらえる「老齢年金」以外に、次の2つの可能性があります。

- 遺族年金…年金加入者が死亡して残された家族がいる場合に その遺族に支払われる
- 障害年金…障害者の認定を受けるともらえる

国民年金と厚生年金とでは、もらえる金額や支払われる条件などが違いますが、心配しないでください。

何度も言いますが、厚生年金に入っている方は国民年金に入っているのと同じ扱いですので、国民年金の支払条件と厚生年金の支払条件を満たせば、当然国民年金からも厚生年金からも支払われます。

それではまず、奥さんや子どもがいる方は必ず押さえておいていただきたい遺族年金から、簡単に見ていきましょう。

◆遺族年金

遺族年金には、国民年金から支払われる「遺族基礎年金」と、厚生年金から支払われる「遺族厚生年金」の２つがあります。

●遺族基礎年金

国民年金に加入している人が死亡した場合に支払われる年金。

死亡当時に子どものある妻、奥さんがいない場合は子どもに支払われます。

※子どもとは次の者に限ります
・18歳到達年度の末日（3月31日）を経過していない子
・20歳未満で障害年金の障害等級が1級または2級の子
支払われる金額…年間79万2100円+子の加算額
※子の加算…第1子・第2子は各22万7900円・第3子以降は各7万5900円
つまり、奥さんと2人の子どもがいる場合は、年間124万7900円の遺族年金が支払われることになります。

●**遺族厚生年金**
厚生年金に加入している人が死亡した場合に支払われる年金。
死亡当時の妻、子どもや孫、55歳以上の夫、父母、祖父母に支払われます。
※子ども・孫…遺族基礎年金の場合と同じ
支払われる金額…年収が450万円の場合、年間約40万円

意外と少ないと感じる人もいるでしょう。しかしそうとも限りません。

遺族年金のポイントを簡単に整理してみましょう。

・遺族基礎年金は、子どもがいないともらえない
・子どもがいても、高校を卒業している年齢だともらえない
・しかし、遺族厚生年金は子どもがいない妻でももらうことができる

これが、遺族基礎年金と遺族厚生年金のもっとも大きな違いです。

しかも遺族厚生年金は、遺族基礎年金がもらえなくなった後（子どもが高校を卒業した年齢の後）の妻が40歳から65歳までの間、年間59万４２００円（中高年の加算額）が遺族厚生年金以外に支払われます。

また、遺族基礎年金は子どもがいないと支払われないのに対して、遺族厚生年金はそうでないところも大きな違いです。

遺族基礎年金は「子のある妻」から「子のある配偶者」に改定され、性差がなくな

りましたが、遺族厚生年金の規定は改正されていないために、夫は55歳以上でないともらえません。こちらも改正が待たれるところです。

支払われる金額は年収が450万円だった場合、年間約40万円になります。

もちろん、遺族年金だけで遺された家族が生活していくのに充分なのかと言えば、そんなことはありません。ただ、制度を知っておくと、住宅ローンの組み方も生命保険の入り方も変わってきます。

今もし自分に万が一のことがあったらどのくらい遺族年金が支払われるのか、調べておくことをおススメします。


さて、話は長くなってしまいましたが、万が一のときに、遺族（妻や子ども）に支払われる金額が結構大きな金額だということが分かります。

このことは第2章（83ページ）でも取り上げているのでご確認ください。

場合によっては、約4500万円の金額が遺族に支払われるわけですから、バカにできません。

ここまで読んで、もしかしたら「家族がいる人はメリットがあるけど、独身者には加入するメリットがないのでは？」なんて思っている人がいるかもしれません。

ですが、次の障害年金の説明を聞けば、家族がいる人はもちろん、独身者にも年金制度のメリットがあるのが理解していただけるはずです。

◆障害年金

事故や病気などで、次のような障害を負った人のための制度です。

・障害等級1級
両腕または両足に著しい機能障害がある
両方の視力（矯正後）の合計が0・04以下　など
・障害等級2級
どちらか一方の腕または足に著しい機能障害がある場合

両方の視力（矯正後）の合計が0・05以上0・08以下　など

・障害等級3級

両方の視力（矯正後）が0・1以下　など

また、障害等級3級には、「精神又は神経系統に、労働が著しい制限を受けるか、又は労働に著しい制限を加えることを必要とする程度の障害を残すもの」という基準があり、うつ病の人も該当することがあります。

障害年金にも、国民年金から支払われる「障害基礎年金」と、厚生年金から支払われる「障害厚生年金」があります。

●障害基礎年金

国民年金の加入者が障害等級に該当した場合か、20歳未満から障害等級に該当していた場合に支給されます（ただし、国民年金に加入していても対象にならない場合があります。これについては「年金をもらうための条件は？」（179ページ）で詳しく書いています。

子どもが２人いる人が障害等級１級程度の障害者になった場合は、年間１４４万５９２５円の障害基礎年金が支払われることになります。

●障害厚生年金

厚生年金の加入者が障害状態に該当した場合に支払われます。

ただし、障害基礎年金の支給要件を満たしていることが必要です。

金額は、障害等級１級の場合は約90万６０００円、２級で約77万円、３級で59万４２００円程度です。

年収４５０万円で妻と子どもが２人いる家族は、ご主人が障害等級１級に該当した場合、年間約２３５万円の障害年金を受け取ることができます。

また独身の場合でも、年間約１６７万円の障害年金を受け取ることができます。

ポイントは以下の４つです。

・障害基礎年金は2級から、障害厚生年金は3級からもらえる
・障害基礎年金は、高校生以下の子どもがいると金額が増える

・障害厚生年金は、2級以上の場合、妻がいると金額が増える
・障害厚生年金は、障害基礎年金の支給要件を満たしている必要がある

繰り返しになりますが、障害厚生年金の2級以上に該当する場合は障害基礎年金ももらえるわけですから、サラリーマンや公務員で障害者になってしまった場合で、妻や子どもがいる場合は、かなりの金額を受け取ることができます。

さて、難しいことを言ってきましたが、ここで押さえておきたいことは、年金は決して老後のためだけのものではないということです。

老後の年金だけだと思えば、「国民年金を払うより自分で貯蓄したほうがいいかな」と思うかもしれません。でも**遺族や障害者になった場合に支払われることを考えれ**

ば、決して悪いものではないのです。

もし今までこのことを知らずに国民年金を支払っていない人がいたなら、私は是非支払うことをおススメします。「保険料を払うのは損か」（１８７ページ）もあわせてご覧ください。

◆かけた年金は本当にもらえるのか？

年金が老後のものだけでないことは、理解していただけたことでしょう。

しかし、まだ気持ちのどこかで**「払ってもどうせもらえないんでしょ」**という部分が残っていないでしょうか？

ニュースや雑誌の記事を見る限り、そんな不安を持つのは当然のこと。

では、冷静にこの先年金がどうなるのかを見ていくことにしましょう。

左の表は、平成16年に行われた年金の大改正で、国が試算した将来のシミュレーションです。難しいと思わずに、少しお付き合いください。

世代ごとの保険料負担額と年金給付額

平成17年(2005)における年齢(生年)	厚生年金（基礎年金を含む）					国民年金		
	保険料負担額 (1)（万円）	年金給付額 (2)（万円）	倍率 (2)/(1)	65歳以降給付分		保険料負担額 (1)（万円）	年金給付額 (2)（万円）	倍率 (2)/(1)
				年金給付額（万円）(2')	倍率 (2')/(1)			
70歳（1935年生）[2000年度時点で換算]	680 (670)	5,600 (5,500)	**8.3**	4,400 (4,300)	**6.4**	230 (230)	1,300 (1,300)	**5.8**
60歳（1945年生）[2000年度時点で換算]	1,200 (1,100)	5,400 (5,100)	**4.6**	4,500 (4,200)	**3.8**	410 (390)	1,400 (1,300)	**3.4**
50歳（1955年生）[2020年度時点で換算]	1,900 (1,600)	6,000 (5,100)	**3.2**	5,600 (4,800)	**3.0**	700 (600)	1,600 (1,400)	**2.3**
40歳（1965年生）[2030年度時点で換算]	2,800 (2,200)	7,600 (5,900)	**2.7**	7,600 (5,900)	**2.7**	1,100 (830)	2,100 (1,600)	**1.9**
30歳（1975年生）[2040年度時点で換算]	3,900 (2,800)	9,600 (6,700)	**2.4**	9,600 (6,700)	**2.4**	1,500 (1,000)	2,600 (1,800)	**1.8**
20歳（1985年生）[2050年度時点で換算]	5,100 (3,300)	12,000 (7,600)	**2.3**	12,000 (7,600)	**2.3**	1,900 (1,200)	3,300 (2,100)	**1.7**
10歳（1995年生）[2060年度時点で換算]	6,500 (3,700)	14,900 (8,500)	**2.3**	14,900 (8,500)	**2.3**	2,400 (1,400)	4,100 (2,300)	**1.7**
0歳（2005年生）[2070年度時点で換算]	8,000 (4,100)	18,300 (9,500)	**2.3**	18,300 (9,500)	**2.3**	3,000 (1,600)	5,000 (2,600)	**1.7**

※（注１）それぞれ保険料負担額及び年金給付額を65歳時点の価格に換算したもの。
（）内はさらに物価上昇率で現在価値（平成16年度時点）に割り引いて表示したもの。
（注２）2100年で受給期間が終わる世代について、計算した。
※厚生労働省「年金制度における世代間の給付と負担の関係について」より

現在30歳の人は、このシミュレーション当時18歳ですから、ぴったりとくる数字ではありませんが、おおよそ20歳の数字だと思えばいいでしょう。

すると、厚生年金では、約３３００万円支払って約７６００万円受け取ることができ、国民年金では約１２００万円支払って約２１００万円受け取ることができるということになります。

あくまでも、平均寿命（試算では２０５０年時点で男80・95歳、女89・22歳）まで生きた場合ですが……。

このシミュレーション通りいくように、国民年金・厚生年金ともに、平成16年から12年の間、**保険料を毎年少しずつ値上げしていく**ことが決まったのです。

いくら値上げするかというと、国民年金が２８０円ずつ、厚生年金が年収に対して０・１７７％ずつです。「毎年０・１７７％ずつ」と言われてもピンときませんよね。金額にすると、年収４００万円の場合だと、毎年７０８０円ずつ保険料が多くなる計算になります。

ちなみに「１００年間は年金を支払うことができる体制になった」と言われたこの

改正は、

「物価上昇年率＝1・0％、賃金上昇率＝2・5％、資金運用利回り＝4・1％」

を前提にして計算されています。

どうでしょうか。「少し非現実的では？」と思えるほどの甘い前提のような気がします。

もちろん年金は、老後のものだけではなく、ここまで見てきたとおり、障害年金や遺族年金などの保障機能も兼ね備えています。

だから、「もらえないかもしれないから、払いたくない」というものではありません。

今後、年金制度が再び大幅に変更される可能性は高いでしょう。その時に、この平成16年の改正からどのように変わったかに注目することで、その先の流れが見えてくることと思います。

◆年金をもらうための条件は？

さて、それではこの年金を受け取るための条件はなんでしょうか？

遺族年金や障害年金のときにも少し話題にさせていただきましたが、老後の年金・遺族年金・障害年金それぞれに、受け取るための条件が決まっています。

これがまた勘違いが多いところなのですが、30歳という年齢にしぼって見ていけば、それほどややこしいものでもありません。

★老齢年金の受け取るための条件
・老齢基礎年金（国民年金）
保険料納付済期間と保険料免除期間の合計が25年以上であること
・老齢厚生年金（厚生年金）
老齢基礎年金の支給要件を満たしていること
厚生年金保険の被保険者期間が1ヵ月以上あること

ひとつずつ見ていくことにしましょう。
まずは、老後の年金です。

ここでのポイントは、**国民年金（老齢基礎年金）をもらえる権利があれば、厚生年金（老齢厚生年金）は、1ヵ月の加入でもその分はもらうことができる**ということです。

これは、かなり重要なことです。

逆に言えば、「サラリーマンを20年して、その後会社を辞めました。その後、国民年金保険料を払っていません」となると、国民年金（老齢基礎年金）が1円ももらえないどころか、厚生年金（老齢厚生年金）ももらえないことになるのです。

年金制度がまだ不完全だった時代の人には、ある程度の特例制度が色々とあるのですが、30代にはなんの特例もないと言っても過言ではありません。

給料から天引きされた厚生年金保険料を無駄にしたくないのであれば、考えどころです。

しかし驚くのはこれだけではありません。

遺族年金と障害年金の場合の条件を見てみましょう。

「支払いがどうなっていれば、年金がもらえるのか？」の条件は、遺族年金も障害年金もほとんど同じなので、あわせて説明していくことにします。

★遺族年金・障害年金の保険料納付要件

・遺族基礎年金（国民年金）

被保険者または老齢基礎年金の資格期間を満たした者が死亡したとき。（ただし、死亡した者について、保険料納付済期間（保険料免除期間を含む。）が加入期間の3分の2以上あること。）

・遺族厚生年金

被保険者が死亡したとき、または被保険者期間中の傷病がもとで初診の日から5年以内に死亡したとき。（ただし、遺族基礎年金と同様、死亡した者について、保険料納付済期間（保険料免除期間を含む。）が国民年金加入期間の3分の2以上あること。）

・障害基礎年金

保険料納付済期間（保険料免除期間を含む。）が加入期間の3分の2以上ある者の障害。

・障害厚生年金

加入期間中に初めて医師の診療を受けた傷病による障害。ただし、障害基礎年金の支給要件を満たしている者であること。

（社会保険庁のHPより抜粋）

簡単に説明すると、国民年金に加入している期間、つまり**20歳から今までの間で、年金保険料を支払っている期間の3分の2以上ないと、遺族年金も障害年金も1円ももらえない**ということです。

ビックリしませんでしたか？

働き始めてからずっとサラリーマンだという方は、自動的に国民年金に加入していることになっていますので心配ありません。

しかし、過去に何度か転職を経験していて、前の職場から次の職場で働くまでに少し間がある場合で国民年金保険料を払っていない人は、一度納付済期間を年金定期便などで確認する必要があります。

◆保険料の免除・追納

当然ですが、年金をもらおうと思えば、その対価である保険料を支払わなくてはいけません。しかも、「今月とりあえず払えば大丈夫」といった性格のものではないことも充分ご理解いただいたはずです。

しかし、「そんなことを言っても、払いたくても払えない人はどうするんだ」という方もいるでしょう。国民年金には、そういう人のために**「保険料免除」**というルールがあります。

そのルールは以下のようになっています。

【保険料の免除の例】
★法定免除（自動的に保険料免除になる人）
・障害基礎年金の受給権者
・生活保護法の生活扶助を受けている人
・ハンセン病療養所の施設入所者など
★申請免除（自分で申請して保険料免除になる人）

いったい自分は、どれに該当するのか？　どれにも該当しないのか？

細かいことを自分で調べるのは、正直時間の無駄です。そういった場合は、日本年金機構の年金事務所（旧社会保険事務所）等に相談しましょう。

もしかしたら、免除を受けられるかもしれないのに、なにもしないで保険料の未納という扱いになっているかもしれません。それではもったいないだけですから。

特に先ほどの、遺族年金と障害年金の保険料納付要件のところをお読みいただいた方はお気づきでしょうが、免除期間は保険料納付済期間に含まれます。

だから、**未納と保険料免除は大きく違います**。収入が少なくて国民年金を払うのが大変な場合は是非一度相談に行くべきです。

また、免除の申請をした人には、もうひとつ、**「保険料の追納」**というオプションを持つことができます。

保険料の追納とは、保険料免除期間がある人が、実際年金を受ける時に金額が少なくなることを防ぐために、余裕ができてから、過去10年以内にあった保険料免除期間の保険料を支払うことができるという制度です。

これは、あくまでも保険料免除になった人だけがつかえるオプションであって、保険料を滞納した人は使えないので、勘違いしないようにしてください。

実際にこの制度を利用するかどうかはさておき、こういった制度もあることを知っているだけで、何かの役に立つものです。

◆保険料を払うのは損か

さあ、大まかに年金というものは、どんな場合にもらえて、そのためにはどれくらい保険料を支払う必要があるのかを見てみました。

どうでしょうか？　年金は払うと損になってしまうのでしょうか？

サラリーマンの方は強制的に給料から天引きされるので考える余地もありませんから、問題は国民年金の加入者だと思われます。

とすれば、国民年金保険料は、払ったほうが得なのか、損なのかということになります。

「年金は世代間扶養だから、そもそも『得か損か』という議論をすること自体が間違っている」なんて怒られそうですが、それはそれとして、ここでは純粋にお金の損得として考えてみようと思うのです。

●年金を資産運用と考えた場合

177ページの表を思い出してください。

国がまとめたシミュレーションによれば、国民年金を20歳から60歳までの40年間もれなく支払うと、総支払金額が約１２００万円。65歳からもらえる年金を平均寿命までもらったとして、約１９００万円なので、約１・58倍の運用をしたと考えることができます。

これを民間の保険会社の個人年金保険（10年保障期間付き終身個人年金）で考えると、約１１００万円支払って約１６８０万円もらえるので、約１・53倍です。

比べると、国民年金のほうが少し有利だということが分かります。

しかし、個人年金保険と年金とではまったく違うところがあります。

それは、個人年金保険は自分が死んでも遺族にお金が残りますが、**国民年金は途中で死亡してしまうと老後の年金を受け取ることができなくなる**という点です。

国民年金にも「寡婦年金」や「死亡一時金」などというルールがあるので、まったくもらえないわけではありませんが、老後の年金としてもらえる金額には遠く及びません。年金を65歳からもらい始めたとしても、平均余命までの間に死亡してしまえば、利回りの得も損も吹っ飛んでしまうのです。

先ほどの民間保険会社の個人年金の例では、途中で死亡しても75歳までの分は受け取ることができるので、その点を比べると少し不利だと考えることができます。

●年金を保険と考えた場合

では、国民年金を保険と考えた場合はどうでしょうか？

そうですね。老後の年金以外に、**障害者になった場合や万が一死亡した場合の遺族に支払われる年金がある**わけですから、保険と考えることもできそうです。

遺族基礎年金は、18歳未満の子のある妻、もしくは18歳未満の子どもがもらえる年金です。

つまり、18歳未満の子どもがいない場合、もらうことができません。仮に妻と0歳の子が2人いた場合で計算すると、18年間で約2200万円のお金が支払われます。しかし、これを生命保険で考えれば、月3000円ほどの保険料で補えます。

障害基礎年金は、年金加入者が障害等級の1級もしくは2級に該当する程度の障害状態になった場合にもらえます。しかも、障害状態が継続する限り支給されるので、とても助かります。これを保険で補おうとするのは少し難しいかもしれません。

近いもので「所得保障保険」というものがありますが、これも最高60歳までしかもらうことができなかったり、保険料が5年更新で30歳時は3000円ぐらいですが、50歳になると7000円ほどになるなどの決まりがあります。

例えば、国民年金の保険料が将来1万6900円になったとして、そのうち6000円から8000円は保険部分、残りの約1万円を年金部分と考えてみましょう。

保険の部分については、民間の保険会社の商品よりも優れていることは間違いありません。年金の部分も1万6900円のうちの1万円、つまり60％だと考えれば、先ほどの民間の個人年金保険との比べ方も大きく違ってきます。60歳までに支払う保険料1100万円のうち、年金部分を60％だと考えれば660万円ということになり、約2・95倍の運用となります。

こう考えれば、生命保険や損害保険・個人年金保険を組み合わせたものよりも、公的年金のほうが効率的な可能性のほうが高いと言えるでしょう。

冷静に考えてみれば、**制度上、保険給付の50％は、国庫つまり国が負担してくれる**わけですから、比べるまでもないのですが……。

しかし、何回も繰り返すようですが、あくまでも平均余命を生きた場合ですから、それをお忘れなく。

また、もうひとつ忘れてはいけないことがあります。

それは、**国民年金保険料が全額所得控除の対象**だということです。

所得控除の説明は税金の章（131ページ〜）に任せるとして、簡単に言えば、国民年金を支払った分、税金が安くなるということです。

所得税率が5％、住民税が10％の人の場合で、年間約3万円弱、税金が安くなります。生命保険や損害保険を支払っても、2万円も税金は安くなりませんから、その分得している計算になります。

もしかしたら、心ない生命保険のセールスマンが、「もらえるかどうか分からない国民年金を払うよりも、生命保険に入っておいたほうがいいですよ」なんて勧誘してくるかもしれませんが、そういう言葉にはまったく根拠がないことだけはご理解ください。

つまり、どう理屈を並べて考えても、私自身は、**国営でなおかつ国が2分の1も補**

助してくれる国民年金という制度は、日本の国がある限りお得だと思います。
道徳的な話を抜きにしても、加入することをおススメします。

◆あなたがもらえる老後の年金はいくら？

さて、国民年金の話題が中心になってしまいましたが、厚生年金にも少しふれていきましょう。

もっとも関心が高いと思われるのは、老後の年金がいくらもらえるのかという点です。

30歳の場合、そんなに計算は複雑ではありません。

現在のところ、老齢基礎年金（国民年金）も老齢厚生年金（厚生年金）も、65歳からの支給となります。

厚生年金に入っていた人は、国民年金にも加入していますから、加入月数に応じた老齢基礎年金（国民年金）もあわせて受け取ることになります。

問題は老齢厚生年金の計算方法で、下図のようになります。

こんな数式が出てきただけでゲッソリですよね。

これが年金が分かりにくい原因なのです。

もっとも、私たちはあくまでもザックリした目安が分かればいいので、もう少し簡単に考えます。

まず、現在30歳の人は、平成15年4月からの保険期間のほうが長くなりますから、計算式の「1000分の5・481」という数字を使って計算します。

問題は、平均標準報酬額ですが、これはおおよその生涯年収の平均を12で割ったものです。

生涯年収の平均なんてもちろん分かりませんから、新卒の年収と退職時の年収（予想）を足して2で割ることで、平均の年収としてしまいます。

年金の計算式

$$\left\{ \text{平均標準報酬月額} \times \left[\frac{9.5}{1000} \sim \frac{7.125}{1000} \right] \times \text{平成15年3月までの被保険者期間の月数} \right. +$$

（$\left[\frac{9.5}{1000} \sim \frac{7.125}{1000} \right]$：生年月日に応じた率）

$$\left. \text{平均標準報酬額} \times \left[\frac{7.308}{1000} \sim \frac{5.481}{1000} \right] \times \text{平成15年4月以降の被保険者期間の月数} \right\}$$

（$\left[\frac{7.308}{1000} \sim \frac{5.481}{1000} \right]$：生年月日に応じた率）

そうすれば、あとは計算式に入れるだけです。

すると下図のようになり、老齢基礎年金を加えて、約182万円となります。

繰り返すようですが、これはあくまでも、大雑把な目安です。しかしそんな目安すらないまま今後を計画するよりも、ずっとリアルな感覚が持てるのではないでしょうか。

さて、ここまで年金について考えてきました。

年金には、税金と同等、いやそれ以上のお金を払っているのに、私たちにとっていまひとつ必要性を感じられない、遠

年金を試算してみる

$$\frac{300\text{万円}（\text{新卒の年収}）+700\text{万円}（\text{退職時の年収}）}{2}=500\text{万円}（\text{生涯の平均年収}）$$

$$\frac{500\text{万円}}{12}=41.7\text{万円}\rightarrow\boxed{\text{平均標準報酬額}}$$

$$41.7\text{万円}\times0.5481\%\times\text{被保険者期間}（38\text{年}\times12）$$

$$=$$

1,042,223円

い未来の話のような印象があります。

ですが、これからずっと、ただ何も知らずに年金を払っていくよりも、少しでもその仕組みを知っておくことが、30代からのお金の智恵につながることは間違いありません。

何度も繰り返しましたが、国の状況によって年金制度は大きく変化します。

しかし、ここまで書いてきたことを参考にすれば、自覚ある大人として、「この先年金制度がどうなっていくか」という切り口で、今後の経済や政治について関心を持って見ることができるのではないでしょうか。

6章　将来どうする？
資産運用の話

◆資産運用はするべきなのか？

「資産運用はしたほうがいいですか？」という質問が最近増えてきました。

どちらかと言えば、〝積極的にお金を増やしたい〟というより、〝資産運用しないで、自分だけ損をするのは嫌だ〟というニュアンスのほうが強いようです。

それだけ、資産運用という言葉が一般化したということでしょう。

その理由のひとつは、どうやら銀行・郵便局（ゆうちょ銀行）などが、100万円や200万円というまとまった預金がある客に対して、「当面使う予定のないお金でしたら、定期預金よりも投資信託がおススメですよ」と勧誘していることにあるようです。

しかし、**本当に資産運用をしたほうがいいのでしょうか？**

問題はこの部分なのです。

どうも日本人は、〝銀行が勧めるものは大丈夫〟という思い込みがあるようです。

しかし、そんなことはまったくありません。銀行はしょせん保険会社や証券会社の代理店をしているに過ぎないのです。販売手数料を稼ぐために勧めているのであって、何も皆さんの幸せを考えているわけではないことをよく理解しましょう。

◆リスクのない方法はない

資産運用と一言でいっても、株式投資もあれば、不動産（土地やマンション）投資もあります。先物取引もあるし、為替取引もあります。

こういう話をすると、「それじゃあ何が一番いいのですか？」とすぐ聞きたくなる人もいると思いますが、そんな単純なものではありません。

結論から言えば、「どんな方法をとっても必ずリスクがある」「これが絶対に一番という方法はない」というのが資産運用の基本です。

だから**大切なのは、「どの運用方法はどんなリスクがあるのか？」を正しく理解することです。**

ここで、一番身近で、皆さんが一般的に「資産運用」と言っている「投資信託」について少し見ていくことにしましょう。

銀行をはじめとする金融機関が、預金の預け換えの際に客に勧めているのがこの投資信託という金融商品です。

これは、皆さんが少しずつ出し合ったお金を元手にして、資産運用のプロが、株式や債券・金融派生商品・不動産等に分散投資をし、その配当を投資してくれた皆さんに分配するというものです。

複雑なように見えますが、実際のところ皆さんは、**プロが作った商品を購入する**という簡単な形で投資信託にかかわることになります。

もちろん、購入にあたっては、その商品の特性や「リスク」について販売員が説明することになっています。

しかし、ほとんどの人はいったいなんのことかよく分からないまま聞いているというのが本当のところで、過去5年ぐらいの運用実績にしか目がいきません。ここ数年の実績がいいと、なんとなく安心してしまい、販売員の言うままに買ってしまうのが現状なのです。

自己責任の時代だと言われているのですから、それではいけません。購入にあたっては、その商品にどんなリスクがあるのかをしっかり理解することが大事なのです。

◆運用の世界でいう「リスク」とは何か？

多くの人は「リスク」という言葉を聞くと、「損をすること」と考えるのではないでしょうか？

しかし、資産運用の世界でいう「リスク」は、そういう意味ではありません。価格やパフォーマンスのバラツキのことをいいます。

予想より運用成績が悪いのはもちろんいけませんが、予想より良すぎても、バラツキが大きいということで、リスクが高いということになってしまうのです。

このことを説明するとき、私はよく果物畑を例にあげます。

あなたはあるりんごの木に投資しようと考えています。
1年に最低30個収穫できないと元本割れになってしまうとしましょう。
Aという木は、今年50個収穫できました。
Bという木は、35個収穫できました。
あなたならどちらの木を買いますか？

これだけを聞けば間違いなく、Aを選びますよね。でも話はまだ続きます。

過去5年間の収穫実績を見ると、
Aという木は、1年前50個、2年前35個、3年前5個、4年前35個。
一方Bという木は、5年連続35個収穫しています。
AもBも、平均すると35個。
さてどうでしょう？
あなたはどちらを選びますか？

ここで考えてもらいたいのが、先ほどの「リスク」なんです。

「リスク」の定義を復習すると、「価格やパフォーマンスのバラツキ」のことでした。

その観点からみると、圧倒的にBのほうがリスクが小さいということになるのです。

このりんごの木の話で言えば、毎年の収穫量が目標の30個に近い木ほど、リスクの少ない投資、つまりいい投資物件となるわけです。

このバラツキを指標にしたものを、**「標準偏差」**といいます。言葉は難しいですが、ようは平均のリターンと個々のリターンにどれだけブレがあったかという指標で、数字が大きいものほどブレが大きいことを示します。

投資の世界では、「σ《シグマ》」がこの標準偏差のことになります。つまり、投資信託商品を選ぶ上で、σの値が小さいものを選べば、リターンのブレが小さく、逆に値の大きいものを選べば、ブレが大きいということです。

一口に投資信託といっても、株や債権・不動産など、様々な組み合わせの商品があります。もちろん商品ごとにブレも大きく違ってくるので、特性を見て選択することが大切です。

ここ数年の運用実績がいいものだけを購入すると、結果的にリスクが偏ってしまう可能性が高くなるので、注意が必要です。

一攫千金を夢見るのであれば、リスク（バラツキ）が大きいものを購入するのもいいかもしれません。しかし、それはすでに運用というより、ギャンブルなのです。パチンコや競馬・宝くじと変わらないのです。

◆宝くじの仕組み

ここで少し、宝くじを「お金の世界」の切り口から見ていきましょう。

宝くじは当然、発売されるにあたって、発売金額と当選金額が決まっています。

例えば、ある宝くじの発売概要を調べてみると、次のようになっています。

発売金額…３９０億円
当選金額の合計…約１８３億円

つまり、390億円売って、183億円返し、残り207億円を発売元が持っていくという仕組みです。

配当率約47％。こんな配当率の低いギャンブルは、世界中探してもそう見つけられるものではありません。

ちなみに、競馬等の公営ギャンブルは、配当率がおおよそ75％になるように定められています。配当率というのは、競馬で言えば「全レースの全馬券をすべて購入するとその75％は戻してもらえる」ということです。

ということは、宝くじは、競馬や競輪、競艇よりも効率の悪いギャンブルだということが分かります。

しかし私たちは、当選することを夢見て、宝くじを何十枚も購入したりしますよね。

人間は、お金のことになると、どうしても正常な思考で判断できなくなってしまうことがあるようです。

だからこそ、お金の世界では、いかに現実的な思考ができるかが大事なポイントになると思います。

夢も希望もない話かも知れませんが、それが真実なのです。

◆複利のパワー

さて、話を戻して、資産運用と切っても切り離せない、大事な話をしなくてはいけません。

それが、**複利**のパワーです。

「数学の歴史上、最大の発見は何か。それは複利だ」
——物理学者アルベルト・アインシュタイン

アインシュタインがこんなふうに言うほど、この複利のパワーは、運用にあたって重要なものです。

例えば、毎月5万円を25年間、タンス貯金したとしましょう。金利はゼロなので、25年で貯まる金額は、１５００万円です。

しかし、もしこの毎月5万円を5％の運用で積立をしていくとすると、なんと25年間で約3000万円になります。

そうこれが、複利のパワーなのです。

複利のパワーは運用年数が長ければ長いほど発揮されます。

もし先ほどと同じ5％の運用で、30年間で3000万円貯めようと思うなら、毎月約3万5000円の積み立てでいいのです。

どうして、こんな当たり前の話を持ち出したかと言えば、先ほどの投資信

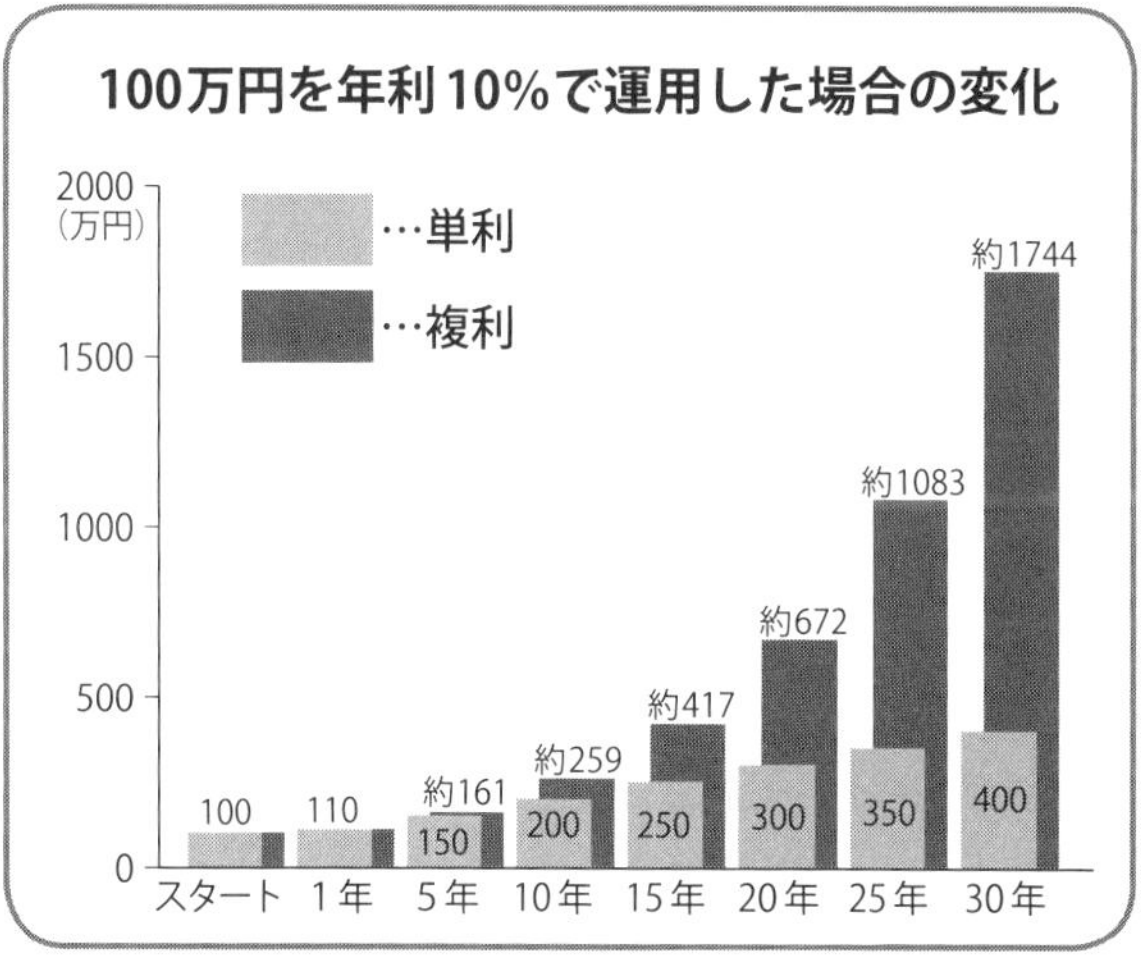

託の話に通じるからです。

金融機関でよく販売されている商品は、**「分配型」**というものです。毎月配当や隔月配当など、運用成績に応じて、配当金を支払うタイプです。

これだけ聞くと、「何がダメなの？」と思う方がいるかもしれません。それが大問題なのです。

例えば、「配当金が毎月平均1万円もらえます」という説明を聞いて、２００万円で毎月分配の投資信託を購入したとしましょう。

ものすごくいいですよね。

預金で預けておいても1年で数百円にしかならないのに、投資信託に預けるだけでこんなに配当金がもらえるとなると、つい飛びついてしまいそうになります。

実際、例えば２００万円の投資信託を買って、10年の間、毎月分配金を1万円もらっていたとすると、1万円×12ヵ月×10年間で１２０万円の利益が出ます。

ただ、投資信託は購入した商品を数年後に同額で売れないことがあるので、２００万円の商品を5年後に40％ダウンの１２０万円で売ったとしましょう。すると、最終的には40万円得をすることになります。

でも、毎月分配型の投資信託の場合は、いつまでたっても元手は２００万円のままです。増えていくはずがありません。

一方、もし毎月の分配金をさらに**再投資**して投資信託にあてたとすると、どうなるでしょう。

計算してみると、10年後の元手は、３５８万１６９５円。これが30％ダウンで売れた場合、売却額は２５０万７１８６円。つまり、50万円あまり得をすることになるのです。

何も考えないで分配金をもらっていた場合と、それをせっせと再投資していた場合では、10万円以上の差が生まれるのです。

どうしてこうなるかは、簡単ですよね。

そう、皆さんもお分かりの通り、再投資は複利で運用したことになるからなのです。

こんな簡単な理屈にも関わらず、銀行などで販売されている人気のある投資信託は、毎月分配型のものが多いのです。

どうしてそうなのか。

理由は簡単です。売りやすいからというだけなのです。

投資信託の販売に使われるセリフに「○万円が毎月受け取れます」というものがありますが、投資信託にもリスクがあり、最終的にマイナスになってしまうこともあります。

しかし売る側にとっては販売手数料が利益になるので、心地よく聞こえるセリフを使うのです。

目先の数万円に惑わされずに、長い目で見て判断する必要があります。

◆結論・資産運用はしたほうがいいのか？

ここまで、資産運用の基本について見てきました。

次のステップは、実際に運用となるわけですが、資産運用の基本は**分散投資**です。

色々な投資の本を読んでも、これは明白です。

じゃあどんなふうに分散すればいいのか？

世の中には、様々な組み合わせの商品があります。

そのひとつが先ほども書いた投資信託なのですが、実はこれについてはある程度結論が出ています。

それは、**〝どんな優秀なファンドマネージャーがつくった商品も、市場の平均に勝つことは難しい〟**ということです。

投資信託は、プロが投資にふさわしい株や債券を選りすぐって組み合わせた商品です。にもかかわらず、結局は、市場に出ている全銘柄を少しずつ全部買って出たときの利益を超すことはできないのです。

一時的に高成績を残すファンドはあります。しかし、それは短期的なもので、最終的には市場平均に落ち着いてくるのです。

市場では、世界中の金融エリートがしのぎをけずっています。プロでさえ、利益を出すことは簡単ではありません。

そんな中で、金融の基礎知識もない素人が、目先のよさそうなブームに乗せられて金融商品を購入することは、とても危険だということはお分かりいただけると思います。

勉強のつもりで運用する分には、大いにやっていただいて結構です。物事の特性を知っておくのは大切なことです。

しかし、家計が危機に陥るようではいけません。悪徳商品に引っかからないためにも、世の中にある代表的な資産運用について、特徴やリスクを次にまとめたので参考にしてください。

●投資信託

銀行や郵便局が販売するようになってから、身近なものになってきた投資信託。**わずかなお金で始めることができる**のは魅力です。

しかし前述のように、職員に勧められるまま購入するのは危険です。

投資信託と一口にいっても、その組み合わせ方は色々です。「ハイリスクハイリターンを求めますよ」とうたっているもの。「手堅くコツコツ運用します」とうたっているもの。中身はそれぞれ違うのです。

だから、自分自身の目で**投資信託の中身がどんなものなのか、見極める必要があります**。

また、運用をプロに任せる分、**手数料**と**信託報酬**が高くなります。

せっかく運用利益が出ても、手数料を引いたら儲かっていないなんてことがあるのが、投資信託のもうひとつの特徴と言えます。

●外貨預金

文字通り、外国通貨で預金する方法です。

主に、安いときに通貨を買って高いときに売る、**為替差益**を狙う方法、また**外国の金利の高さ**を利用する方法があげられます。

ＦＸと違って現物のやりとりですから、リスクは為替差益だけなのですが、欠点をあげれば、外貨預金は**ペイオフの対象になっていない**ことでしょうか。たとえ1000万円以下でも、外貨預金はペイオフの対象にならない点は理解しておきましょう。

通常、**金利が高い国というのは、通貨が弱い**というのが経済の常識です。

例えば、ニュージーランドドルは金利は高いのですが、為替の上下が激しく、経済や政治の動向次第では暴落することもあるので、それを理解した上で付き合う必要があります。

●FX

最近流行のFXですが、正式には「外国為替証拠金取引」といって、外国通貨の売買で利益を出す運用です。

特徴はその名の通り、**証拠金取引**だという点です。証拠金の何倍もの取引が可能なので、当たれば利益は大きいのです。

それ以外に**スワップポイント**といって、通貨の金利差分の利息がもらえるというおもしろさもあります。

しかし、実体のお金の何倍もの額を取引しているということは、**当たりもデカイが損もデカイ**ということです。

「自分の入れた証拠金だけで取引する方法もあるので安全だ」と説明する専門家

もいますが、数倍の取引ができる仕組みがある以上、夢中になるとついつい取引の倍率を上げてしまうもの。お気をつけて。

為替というものは、有名銀行の為替ディーラーでも予測ができないほど難しいものです。素人が為替の予測をするのは不可能です。本当にギャンブルな投資だと思ったほうがいいでしょう。

●国債

資産運用の中では**もっとも安全**だと言われているのが、国債です。日本の国が倒産しない限り損をすることはないという商品です。

しかし、もちろん安全ということは、**リターンも少ない**ということです。

100万円預けても、10年で数千円・数万円しか増えません。最近の低金利を考えれば、銀行預金で預けるよりもましですが、一度購入すると一定期間換金できなかったり、換金できても満期前では手数料が発生するなどのマイナス要素があります。

元本は保証されていますが、**一定期間お金が動かせない**というリスクがあることは、頭に入れておくべきでしょう。

●株式

上場企業が発行している株式を市場で取引するのが、株式投資です。景気の動向、企業の動向が直接株価に反映するため、**浮き沈みが激しい投資**だと言えるでしょう。

最近はインターネット取引が中心で、株価もリアルタイムに確認できる上に、取引も簡単になりました。手数料も一昔前に比べて格段に安くなったので、環境は整ってきています。

ただ株式取引は、一銘柄の取引単位が１０００株単位になるなど（株式によって単位は違う）、取引金額がどうしても高くなるため、資産運用の基本・分散投資を個人で行うのは難しいのが現状です。

ニュースなどでよく耳にするので身近な印象がありますが、色々な株を組み合わせて購入することでリスクを分散しなければ、競馬とあまり変わらないようなハイリスクの投資になってしまうので、くれぐれも注意が必要です。

●商品先物取引

ギャンブル投資の代表例といってもいいものです。

商品に投資をして、その商品が値上がりすれば儲け、値下がりすれば損。構造はとても単純ですが、これもFX同様、証拠金の何倍もの取引が可能なために、損も大きくなってしまいます。

証拠金以上の損が発生すると、**追加証拠金**（通称「追証」）を支払わなければならないので、〝追証のために家屋敷を取られてしまった〟なんて話も実際にあります。

銘柄は、小豆やコーヒー豆といった穀物から金や原油のような資源までと幅広いのですが、とても素人が手を出せるものではないので、充分気をつけましょう。

●不動産

日本人は、とにかく土地が大好きな国民です。やはり国土が狭いからでしょうか。

不動産投資とは、土地や建物の不動産を購入することによる投資方法です。目的は当然、自分が買った値段よりも高く売り、その差額を儲けること。もうひとつは、投資した物件そのもので収益をあげて儲けることです。

不動産投資はひとつの物件が高額なため、なかなか庶民は手が出せないのですが、最近は若いＯＬでもマンション投資をしていたりするから驚きです。

しかしどちらにしても、不動産は管理費用や固定資産税など、**とにかくコストがかかる**ので、あまり投資には向いていない商品だと言えます。

マンション投資で毎月入ってくる家賃なども魅力ですが、よほどの立地でない限り、物件が古くなれば収益力も落ちていきます。

なかなか難しい投資だと言えます。

さて、独断でいくつかの投資商品を説明させていただきました。

「どれも危険じゃないか」という声が聞こえてきそうですが、その通りです。

何度も言いますが、資産運用にはどうしてもギャンブル性があります。負けが込めば込むほど、どんと一発大勝負で負けを埋めたいと考えてしまいがちです。現実にそうやって身を滅ぼした人も多くいることを理解した上でご利用ください。

そんな簡単な儲け話は世の中にはないのです。

7章　いざという時のセーフティネット・借金の話

◆万が一のための準備

２００８年の年末から翌年にかけて、東京の日比谷公園に設置された「年越し派遣村」の映像を初めて見たときは、衝撃的でした。

「人はこんなに簡単に生活できなくなるのか」

はじめて「セーフティネット」という言葉を真剣に考えさせられた光景でした。

村上たかし氏のベストセラー『星守る犬』は、平凡で人のいい普通のお父さんが、悲しい境遇に陥ってしまうお話でした。

その本のあとがきに、こんな一節があります。

「昔なら、いたって平均的ないいお父さんです。しかし、今ではそれが十分「普通の生活」を失う理由になり得るようで……」

明日はわが身。私たちだって、いつ何時「普通の生活」を失うことになるか分からない。そんな時代になったようです。

昔ならば、親戚や近所の知り合いなどを頼ることができたのでしょうが、時代が大きく変わってしまいました。

ほんの少し歯車が狂っただけで、生活が出来なくなるどころか「命を落とす」ことになりかねないのです。

しかし、そんな悲観的なことばかりではありません。

我々は日本人です。ありがたいことに、日本国憲法の第25条1項で「すべて国民は、健康で文化的な最低限度の生活を営む権利を有する」と定めているように、国が最低限の生活は守ってくれるようになっています。少なくとも、仕事を失った翌日に命を奪われるようなことはないのです。

問題は、この決まりを実行するためのセーフティネットを、知っているかどうかということです。

今はまったく関係ないと思われるかもしれません。

しかし、少しでも余裕のある今のうちにこういった情報にふれておくことが大切なのです。

◆雇用保険

まず、セーフティネットと言えば、「雇用保険」です。

雇用保険と聞いてもピンとこない人もいるでしょうが、**「失業保険」**と聞くと、どんな保険かイメージできる人も多いのではないでしょうか。

正確に言えば、失業保険という名称の保険は、この国にはありません。雇用保険の中に「失業等給付」という制度があって、このことを一般的に失業保険という言い方をしているのです。

この失業等給付にも実は色々な制度があって、大きく分けると、求職者給付・就職促進給付・教育訓練給付・雇用継続給付の4つになります。ここでは、求職者給付の中の基本手当、つまり失業手当について詳しく見ていきましょう。

失業保険をもらった経験がある人はご存じかもしれませんが、今までに失業保険のお世話になったことがない人も、失業保険とはどんな仕組みなのか、前もって知っておいていただきたいところです。

まず受給資格があるのは、以下の2つの両方にあてはまる人です。

1・ハローワークに来所し、求職の申込みを行い、就職しようとする積極的な意思があり、いつでも就職できる能力があるにもかかわらず、本人やハローワークの努力によっても、職業に就くことができない「失業の状態」にあること。

したがって、次のような状態にあるときは、基本手当を受けることができません。

・病気やけがのため、すぐには就職できないとき
・妊娠・出産・育児のため、すぐには就職できないとき
・定年などで退職して、しばらく休養しようと思っているとき
・結婚などにより家事に専念し、すぐに就職することができないとき

2・離職の日以前2年間に、被保険者期間（※補足2）が通算して12か月以上あること。

ただし、特定受給資格者又は特定理由離職者については、離職の日以前1年間に、被保険者期間が通算して6か月以上ある場合でも可。

※補足2…被保険者期間とは、雇用保険の被保険者であった期間のうち、離職日から1ヵ月ごとに区切っていた期間に賃金支払いの基礎となった日数が11日以上ある月を1か月と計算します。

金額や日数は229ページの表のように、6300~7700円程度になるのですが、どうでしょう。「そんなにはもらえないなあ」という印象を持ったのではないでしょうか?

しかも、一般的に自己都合で会社を辞めた場合は、原則3ヵ月間は基本手当を受け取ることができません。

ここでのポイントは、**「特定受給資格者」**というキーワードです。

表を見てもらっても分かる通り、一般的な受給者に比べて特定受給資格者は相当優遇されています。

この特定受給資格者とは、簡単に言えば、会社が倒産した人、クビになった人と、病気や妊娠・出産・育児で会社を辞めざるをえなかった人です。

失業給付を受けるためには、辞めた会社からもらう**「離職票」**という用紙が必要になるのですが、この用紙の**「離職の理由」**という欄になんと書いてあるかで、失業給付の条件が良くも悪くもなります。

実は、実質的には会社側に辞めさせられたのに、自分から辞めたことになっている、というパターンがとても多いのが現実です。

会社は、クビにしたとはあまり言いたくないので、従業員の都合で退職したという方向に持っていきたがるものです。

しかし、自分から辞めたことになると、左図の「一般の離職者」に入れられ、手当がもらえる期間や金額にかなりの差が出ます。

こちら側も妥協せずに、「特定受給資格者」または「特定理由離職者」になる資格がある場合は、会社側の都合で退職になったことをしっかりと明記してもらえるように働きかけるべきでしょう。

◆生活保護は意外ともらえる

次に、生活保護です。

「意外ともらえる」なんて書くと、現在生活保護を受給しながら自立しようと頑張っている方に失礼かもしれませんが、決して「生活保護をもらって楽をしよう」などという趣旨ではないので、ご理解ください。

万が一生活に行き詰まった場合に備えて、こんな制度があること、また国が定めている「最低限の生活費」がどのぐらいなのかを頭に入れておいていただきたいので、以下にポイントをまとめました。

生活保護制度には2つの目的があります。

ひとつは、繰り返しになりますが**「健康で文化的な最低限の生活を確保する」**ということ。

そしてもうひとつは、一度生活が困窮してしまった方の**自立をサポートする**というものです。

雇用保険の内容

基本手当日額

29歳未満	6,370円
30歳以上 45歳未満	7,075円
45歳以上 60歳未満	7,775円
60歳以上 65歳未満	6,687円

※平成28年8月1日現在

給付日数

一般の離職者

区分＼被保険者であった期間	1年未満	1年以上5年未満	5年以上10年未満	10年以上20年未満	20年以上
全年齢	—	90日		120日	150日

特定受給資格者及び特定理由離職者

<table>
<tr><th>区分</th><th colspan="5">被保険者であった期間</th></tr>
<tr><td>30歳未満</td><td rowspan="5">90日</td><td rowspan="3">90日</td><td>120日</td><td>180日</td><td>—</td></tr>
<tr><td>30歳以上35歳未満</td><td rowspan="2">180日</td><td>210日</td><td>240日</td></tr>
<tr><td>35歳以上45歳未満</td><td>240日</td><td>270日</td></tr>
<tr><td>45歳以上60歳未満</td><td>180日</td><td>240日</td><td>270日</td><td>330日</td></tr>
<tr><td>60歳以上65歳未満</td><td>150日</td><td>180日</td><td>210日</td><td>240日</td></tr>
</table>

特定受給資格者…倒産・リストラなどにより離職した者
特定理由離職者…労働契約期間の満了・身体や心身の障害により離職した者など

では、どういった場合に生活保護の対象になるのでしょうか。

簡単に言えば、預貯金もなく、親族の援助を受けることもできず、働けない、もしくは働いてもその収入が**最低生活費**を満たさない場合に受けることができる制度です。

それでは、いったいこの最低生活費というのはなんでしょう?

まず、国が考えている生活費の内訳を見ていきましょう。

具体的にどれくらいの金額かというと、一番分かりやすい生活扶助(日常生活に必要な費用)を例にあげると、次ページ上図のような感じです。

ただし、この金額が満額支給されるということではありません。

これはあくまでも基準額ですから、次の式のように、月の収入がこの基準額に満たない場合に足りない分を支給されるという仕組みなのです。

生活扶助基準額 ― 収入(年金、児童扶養手当等) = 支給額

生活扶助額の例

世帯	東京都23区の場合
標準3人世帯（33歳・29歳、4歳）	158,380円
高齢者単身世帯（68歳）	79,790円
高齢者夫婦世帯（68歳、65歳）	119,200円
母子世帯（30歳、4歳、2歳） ※児童養育加算等を含む	163,550円

※平成 28 年度

扶助の種類と内容

扶助の種類	生活を営む上で生じる費用	支給内容
生活扶助	日常生活に必要な費用（食費・被服費・光熱費等）	基準額は (1)食費等の個人的費用 (2)光熱水費等の世帯共通費用を合算して算出 特定の世帯には加算があります（母子加算等）
住宅扶助	アパート等の家賃	定められた範囲内で実費を支給
教育扶助	義務教育を受けるために必要な学用品等	定められた基準額を支給
医療扶助	医療サービスの費用	費用は直接医療機関へ支払（本人負担はなし）
介護扶助	介護サービスの費用	費用は直接介護事業者へ支払（本人負担はなし）
出産扶助	出産費用	定められた範囲内で実費を支給
生業扶助	就労に必要な技能の修得等にかかる費用	
葬祭扶助	葬祭費用	

逆の言い方をすれば、働いていてもその収入が基準額を満たしていない場合は、差額が生活保護として支給されるということなのです。

金額としては最低限の生活費なので、収入がある人が支給を受けることはなかなか困難ですが、急に会社にリストラされた場合や会社が倒産した場合などは、助けてくれることに違いはありません。

何かあったらトコトン利用するべきです。

では、実際どうやって生活保護を申請すればいいのでしょうか?

まずは、お住まいの地域の福祉事務所か町村役場に出向き、自分が申請できるかどうかを生活保護の担当者の方に相談してみてください。そこで、可能性がありそうな場合は、生活保護の申請手続きをします。

申請が受理されると、今度は福祉事務所・町村役場の担当者が、世帯の収入状況や資産（預貯金・生命保険等）等の状況を調査します。

原則として14日以内（特別な理由がある場合は30日）には、受給できるかどうかの回答がでるといった具合です。

悩まずに、**まずは相談する**ことが先決なのです。

厚生労働省のホームページには、生活保護の要件として以下のことが書いてあります。

・生活保護は世帯単位で行い、世帯員全員が、その利用し得る資産、能力その他あらゆるものを、その最低限度の生活の維持のために活用することが前提でありまた、扶養義務者の扶養は、生活保護法による保護に優先します。

［1］資産の活用とは
預貯金、生活に利用されていない土地・家屋等があれば売却等し生活費に充ててください。

［2］能力の活用とは
働くことが可能な方は、その能力に応じて働いてください。

［3］あらゆるものの活用とは

年金や手当など他の制度で給付を受けることができる場合は、まずそれらを活用してください。

［4］扶養義務者の扶養とは

親族等から援助を受けることができる場合は、援助を受けてください。

・そのうえで、世帯の収入と厚生労働大臣の定める基準で計算される最低生活費を比較して、収入が最低生活費に満たない場合に、保護が適用されます。

◆困ったときにもらえる「手当」って何？

生活保護以外にも、様々なセーフティネットがあります。

その代表例が、児童扶養手当です。

一般的に**「母子手当」**と呼ばれていたもので、18歳になった年度の3月31日まで児童を養育する、父親がいない母子家庭への手当でしたが、法律が改正されて父子家庭も対象になりました。

金額は月々4万1720円ですが、対象の児童が2人の場合はこれに5000円加算、3人目以降は1人3000円ずつ加算されます。

ただし、**所得制限がある**ので、収入が多い人は支給されなかったり、一部のみの支給になる場合があります。

申請や問い合わせは、お住まいの市区町村役場で行えます。

離婚した場合、特に子どもが小さい家庭では、働きたくてもその日数や時間に制限が出てしまう場合があります。恥ずかしいことはありません。生活を守るために一度相談するべきでしょう。

特に、父子家庭が対象になったのはここ最近のことです。もちろんきちんと働いて収入のある方も多いでしょうが、リーマンショック以降、残業がなく収入が少なくなっている方も多いのではないでしょうか。

全額支給とはいかないかもしれませんが、一部支給を受けられる場合があります。一度窓口でご相談ください。

◆まだまだあるぞ、セーフティネット

代表的なセーフティネットである、生活保護と児童扶養手当の2つについてご紹介しました。

もちろんその他にも、まだまだセーフティネットはあります。特にリーマンショック以降、雇用保険のセーフティネットからこぼれ、失業給付も生活保護も受けられない状態の人たちを対象とした第二のセーフティネットというものが設けられました。

●住宅手当

離職者であって住宅を喪失または喪失するおそれのある方に対する、賃貸住宅の家賃のための給付

問い合わせ先：地方自治体

支給例：月5万3700円・原則6ヵ月

●総合支援資金貸付

失業等により日常生活全般に困難を抱えている方に対する、住宅入居費等の資金の貸付

問い合わせ先：市町村社会福祉協議会

支給例：①生活支援費（2人以上の世帯）の上限・月額20万円

②住居入居費・上限40万円

③一時生活再建費・上限60万円

●訓練・生活支援給付

ハローワークのあっせんにより職業訓練を受講する方に対する、訓練期間中の生活費等の給付（+貸付）

問い合わせ先：ハローワーク

支給例：被扶養者のいる方・月額12万円

●臨時特例つなぎ資金貸付

離職に伴って住宅を失い、公的な給付・貸付を申請し、資金の交付を受けるまで

の間の生活費に困窮している方に、当座の生活費を貸付
問い合わせ：市町村社会福祉協議会
支給例：貸付額上限10万円

●就職活動困難者支援事業

事業主の都合等で離職し、それに伴って住居を喪失した方に対する、民間職業紹介事業者による、住居の提供、生活費等の給付、就職支援
問い合わせ先：ハローワーク
支給例：月額10万円×最長3回

●長期失業者支援事業

長期失業者に対する、民間職業紹介事業者による就職支援（生活費等の資金の貸付も可能）。
問い合わせ先：ハローワーク
支給例：上限・月額15万円×6回

※厚生労働省「第二のセーフティネット支援ガイド」より

雇用環境が一変してしまった昨今、一時的に利用することが可能な制度もたくさんあります。自分には関係のないことなどと思わずに、利用できるものがないか一度調べてみる必要があります。

特にこういった制度は、国や自治体のほうから個別に提案してくれるものではありません。**みずから動いて初めて行政の協力を受けることができる**ものなので、どんどん相談にいくべきなのです。

◆僕たちができる借金

「借金」という言葉にはあまりいいイメージがありませんが、「**ローン**」というと少しそのイメージが薄くなるような気がするのではないでしょうか。

住宅ローン・マイカーローン・教育ローン・カードローン。

これが、住宅借金・自動車借金・教育費借金・高利借金なんて言葉だったら、借りる人もためらってしまいそうです。

我々が普通に生きていれば、借金をすることはそんなに多くありません。せいぜい住宅ローンかマイカーローンぐらいのものでしょう。

しかし、最近ではカードローンやクレジットのキャッシングサービスなどの借金が身近なものになってきました。

では、そもそも借金とはなんでしょうか?

「おいおい、そのくらいは知っているよ。お金を借りたら利子がつくってことだろう」

そうです。その通りです。

でも、ここで考えたいのは、もう少し本質的なことなのです。面倒くさい話だと思わずに聞いてください。

借金とはそもそもなんなのか?

答えは簡単です。**「将来受け取るお金を、今受け取ること」**なのです。

住宅ローンを例に挙げてみましょう。

住宅は何千万円という、とても高価なものです。当然多くの人は、現金でその金額を支払えません。でも家が欲しい。だから、将来稼ぐことができるお金を前借りしてお金を用意します。

これが借金の原点なのです。

もっとも、家が欲しいからという理由では、なかなか職場から前借りすることはできません。そこで金融機関が代わりに前借りのお金を用意してくれるのです。これが商品となっているのが住宅ローンなわけです。

当然、銀行はタダではお金を貸してくれません。**お金の使用料**を取ります。

これが**「金利」**というわけです。

見ず知らずの人間にお金を貸すわけですから、それ以外にも「返せなくなったら家と土地はもらいますよ（担保）」といった条件や、「返せなくなった場合、代わりに誰かに返してもらいますよ（保証）」といった条件をつけてきます。

どうしてこんな分かりきった説明をしているかというと、ここからが重要なことです。

こうやって考えれば、金利（前借りしたお金の使用料）が何を基準に決まるのかが見えてきます。

つまり、**金利は返済されない危険性が多ければ多いほど高くなる**ということなのです。

担保や保証人があるローンは、危険が低いため金利が安い。この代表例が住宅ローンです（正確には、住宅ローンは保証人のかわりに保証料を支払うことで、保証会社が保証人の代わりをします）。

では、担保や保証人のないローンはどうなのでしょうか？

ここで重要なポイントになるのが、**「期間」**です。

ローンの期間が長いものより、短いもののほうが金利が安くなる傾向にありますが、それは期間が長いほうが、途中で支払いがとどこおってしまう危険が大きいからです。

借り手は少し多めのお金を払うことでお金を借り、銀行は取りはぐれの危険を負うかわりに少し多めのお金をもらう。両者の間で、危険とお金を天秤にかけて、バランスのとれるところで期間と金利の数字を決めるわけです。

こんなふうに、金融機関は色々な方法を考えて、借り手にお金を提供しています。

しかし、実はこれら以上に大事なのが、個人の信用力です。

信用力とはなんでしょう。

金融機関が信用しているのは、人柄でも学歴でもありません。**過去の金融取引の履歴**なのです。

簡単に言えば、

- 過去に借金を繰り返してはいないか？
- 現在返済中の他の借金はないか？
- 過去に返済が遅れたことがないか？

こういった情報で、個人の信用力が評価されるのです。つまり、金利が高い商品は信用力が低い分、高い金利でそのリスクをカバーしようとしているのです。

「こんな簡単な説明、誰でも分かるよ」と言いたくなる気持ちも分かりますが、不思議なことに、この原則を忘れて、信用力がそれほど低くないのにわざわざ高い金利を借りている人が多いのです。

マイカーローンを例にあげてみても、JAのマイカーローンであれば、住宅ローン並みの低金利でお金を借りることができます。

なのに、わざわざ金利の高い信販会社のローンを利用して車を買っている人がいます。

[例]　200万円のマイカーローンの比較（5年返済）
金利2・5%の場合…　返済総額212万9640円
金利5%の場合…　返済総額226万4520円

これはとても不思議なことなのです。

こんなケースが意外と世の中にあふれています。

まったく同じものを買うのに、わざわざ高い方を選ぶ人はいません。つまり、**安く買える方法を知らずに損をしている**ということです。

ちょっとしたお金の知識があるだけで損をしないことはたくさんあるのです。

◆クレジットの分割払いやカードローンが後々大変なことに!!

金融機関が私たちの信用力を判断するときに材料にしているのが、過去の金融取引などの履歴だというお話をしました。

では、その金融取引の履歴は、どうやって調べているのでしょうか?

実は、これを専門に管理している会社があるのです。

それは、一般的に**「個人信用情報機関」**と呼ばれているところで、法律で定められている指定信用情報機関が管理しています。

クレジット系や銀行系など、所属している会社によっていくつかに分かれていますが、それぞれが連携しているので、時間差はありますが、ほぼ同じ情報を共有していると考えていいでしょう。

金融機関は、私たちにお金を貸す前に、必ずこの機関に問い合わせをしているのです。

もし、過去にクレジットの支払い遅延やカードローンの多重債務があると、いわゆる**「ブラックリスト」**に名前があるということで、信用力がガタ落ちになってしまいます。

これでトラブルになるケースがあるのが、**住宅ローン**を借りるときです。いい土地も見つかった。建てる家の間取りも決まった。きさあ家を建てようとしたとき、に、住宅ローンが組めない。そんなことがあるのです。

銀行は、住宅ローンの審査が通らなかった原因を教えてはくれませんが、多くの場合は、この個人信用情報で引っかかっています。

独身の頃に少し手を出したカードローンで、支払いが遅れ気味だった。エステに通うために組んだクレジットが支払えていない。こんな若かりし頃の失敗が、住宅購入という夢をいとも簡単に奪い取ることがあるのです。

資本主義というお金の世界を生きていくためには、**自分の信用力を落とさないことがとても大切**です。

特に、貸金業法や割販法が相次いで改正されたことによって、お金が借りにくくなりました。

本来クレジットの分割払いやカードローンはおススメできませんが、どうしても必要な緊急事態が起こるかもしれません。そのときのためにも、安易に信用力を落とすようなローンに手を出すことは避けてください。

ちなみに、自分の信用情報が今現在どのように取引されているか、確かめることができます。

詳しくは、以下のホームページなどをご覧ください。

・全国銀行個人信用情報センター（http://www.zenginkyo.or.jp/pcic/）
主に金融機関とその関係会社を会員とする信用情報機関

・株式会社日本信用情報機構（http://www.jicc.co.jp）
主に貸金業、クレジット事業、リース事業、保証事業、金融機関事業等の与信事業を営む企業を会員とする個人信用情報機関

・株式会社シー・アイ・シー（http://www.cic.co.jp）
主に割賦販売等のクレジット事業を営む企業を会員とする個人信用情報機関

◆自己破産、過払い利息って？

過払い金請求が話題になっています。借金の話になったので、この部分も簡単に触れていこうと思います。

過払い金請求というのは、簡単に言えば、払いすぎた利息を取り戻すということです。

借金の利息には、次の2つの規定がありました。

・出資法…29・2％以上つけてはいけない
・利息制限法…元本が10万円未満の場合は20％、10万円～100万円未満の場合は18％、100万円以上の場合は15％を上限とする

多くの消費者金融は、出資法は守っていましたが、利息制限法は守っていませんでした。

なぜなら、出資法の違反は刑罰の対象になるのですが、利息制限法の規定上制限利息を任意に支払った場合は、支払った分の利息を返還請求できないとなっていたためです。

つまり、消費者金融と利用者が約束して決めた利息は、あとで返還請求できない、という考え方だったのです。

しかし、平成18年1月に最高裁判所で、**返還請求できる**という判決が下されたので、これを基準に利息制限法を越えた部分の利息を取り戻すことができるようになりました。

このことを過払い金請求というのです。

現在返済中のものはもちろん、すでに完済している場合でも、対象となるものについては、返還請求することができます。ただし時効は10年ですので、10年以上前のものは請求できません。

誤解をしている人が多いようですが、過払い金請求は、払いすぎている利息を請求できるのであって、**借金がなくなるわけではありません**。利息制限法に基づいて再計算した場合、結果的に支払う必要がなくなるケースがあるということです。

◆どうしても借りたお金が返せなくなったら

借りたお金を返すのは普通のことですが、もしかしたらそうも言っていられなくなる日が来るかもしれません。念のため、万が一のときのことも考えておかなければなりません。

支払いができない場合に考える必要があるのが、**債務整理**です。債務整理には、任意整理・民事再生・自己破産などがあります。

ここで詳しく説明はできませんが、基礎知識として簡単に見てみましょう。

●任意整理

取引開始時にさかのぼって、利息制限法の上限金利に金利を引き下げて再計算することにより借金を減額した上で、原則として金利をカットし、元本のみを3年程度の分割で返済する内容の約束を貸金業者と結び、以後この約束に従って返済を続けることで、借金を整理する方法です。

★メリット…未払い金利や、遅延損害金などを支払う必要はありません。また裁判所に出向くなどの必要もなく、官報に名前が載ることもありません。財産を処分する必要や、特定の職業につけないなどといったことがないのもメリットのひとつです。

★デメリット…利息の支払いが不要になるだけで、元本は返済しないといけません。また、3年程度での支払いが必要なために、金額が多い場合は少し難しくなります。

また、先ほど話した個人信用情報に履歴が5～7年程度残りますので、新たなローンを組むことが困難になります。

●民事再生

住宅等の財産を持ったまま、大幅に減額された借金を原則3年で返済するという整理方法です（住宅ローンは減額の対象にはなりません）。

★メリット…任意整理と同じく、財産を処分する必要がありません。あとは任意整理の場合と同じです。

★デメリット…官報に名前が載ります。借金がなくなるわけではありません。民事再生法では、最低弁済額を下の表のように規定しています。

また、任意整理同様、個人信用情報には民事再生をしたことが登録されます。

●自己破産

支払い時期が来ても、継続してすべての借金を支払うことができないことを裁判所に認めてもらい、法律上借金の支払いを免除してもらう整理方法です。

★メリット…借金を支払う必要はなくなります。

民事再生で返済する額

借金総額	最低弁済額
100万円未満	借金総額
100万円〜500万円未満	100万円
500万円〜1,500万円未満	借金総額の5分の1
1,500万円〜3,000万円未満	300万円
3,000万円〜5,000万円未満	借金総額の10分の1

★デメリット…官報に名前が載ります。また、特定の職業につくことが制限されます。

なんといっても大きいのは、現在の価値で20万円を超える財産（現金の場合は99万円を超える金額）は原則処分される点です。

債務整理はとても勇気のいることです。

特に自己破産は、人生を棒に振るようなイメージが大きいかもしれません。

しかし、返すめどの立たない借金に苦しむよりも、新しいスタートを切り直したほうがいい場合もあります。

自分だけで悩まずに、早めに専門家に相談してください。

おわりに

さて、ここまで、お金に関するさまざまな話を取り上げてきました。

やはり扱うものがものだけに、少し分かりづらい部分もあったかと思います。

しかし、何度も繰り返すようですが、ここまでお付き合いいただいた皆さんなら、こういった世の中の仕組みに向き合えるようなスタンスが少し持てるようになったのではないでしょうか。

年金のことでも、税金のことでも、役所はこちらが聞けば、色々なことを教えてくれます。しかし聞かなければ、向こうから電話をかけてきて教えてくれるようなことは絶対にありません。

知らないことを聞かないことで損をすることも、不幸になることもたくさんあります。これを機会に、32歳までに世の中の仕組みを上手に利用できるようになってください。そうすれば、あなたの人生はよりすばらしいものになるでしょう。

【著者】

岡崎充輝（おかざき・みつき）

地元商工会で、中小企業の経理指導・経営指導をするかたわら独学でファイナンシャルプランナー資格を取得。税金から社会保険にいたるまで幅広い知識を駆使しながら、個人家計の顧問FPを目指し活動中。年間100名以上の家計相談をこなす一方、年間30回以上のセミナーの講師・地元FM局のパーソナリティーを務めるなど精力的に活動している。

（株）ヘルプライフオカヤ代表取締役のほか、生命保険相談センター、住まいのFP相談室岐阜大垣店を主催。

資格:２級ファイナンシャルプランニング技能士・日本ファイナンシャル・プランナーズ協会認定AFP・住宅ローンアドバイザー

32歳までに知らないとヤバイお金の話

平成 29 年 3 月 13 日　第 1 刷

著　者　岡崎充輝

発行人　山田有司

発行所　株式会社　彩図社《さいずしゃ》

〒 170-0005　東京都豊島区南大塚 3-24-4 ＭＴビル
TEL:03-5985-8213
FAX:03-5985-8224

印刷所　新灯印刷株式会社

URL：http://www.saiz.co.jp
https://twitter.com/saiz_sha

ISBN978-4-8013-0206-8 C0133

本書は平成 23 年５月に弊社より刊行した書籍を文庫化したものです。